Coleção Vértice
94

CONHECE-TE A TI MESMO

Excelência humana e ética

JOSÉ MARIA RODRIGUEZ RAMOS

CONHECE-TE A TI MESMO

Excelência humana e ética

São Paulo
2016

© Quadrante Sociedade de Publicações Culturais, 2016

Capa
Douglas Catisti

Dados Internacionais de Catalogação na Publicação (CIP)

Ramos, José Maria Rodriguez
   Conhece-te a ti mesmo: Excelência humana e ética / José Maria
Rodriguez Ramos – São Paulo : Quadrante, 2016.

   ISBN: 978-85-7465-070-8 - coleção
   ISBN: 978-85-7465-248-1

   1. Sistemas éticos. Teoria da ética 2. Virtudes morais I. Título
II. Série

CDD 28-425

Índice para catálogo sistemático:
1. Sistemas éticos. Teoria da ética 2. Virtudes morais

Todos os direitos reservados a
QUADRANTE, Sociedade de Publicações Culturais
Rua Bernardo da Veiga, 47 - Tel.: 3873-2270
CEP 01252-020 - São Paulo - SP
www.quadrante.com.br / info@quadrante.com.br

Sumário

Nota ao leitor 7

«Conhece-te a ti mesmo». Um projeto para a vida 9

Sophie Scholl, ou a consciência 19
    A vida por uma causa 31
    Outro testemunho de consciência: Clemens
        August von Galen, um bispo contra Hitler 53
    A consciência e a ação humana 59

Ben-Hur, ou a teoria da ação humana 67
    O papel da razão 72
    O papel das paixões ou sentimentos 74
    O papel da vontade 76

Gladiador, ou as virtudes 81
    Virtudes 87
    Conhecimento e virtude 90
    Aristóteles e a virtude 93

Schindler, ou o bem 99
    Perfume de mulher 104
    Um homem bom: Aristides Sousa Mendes 109
    O visconde partido ao meio: Italo Calvino 112

Utilitarismo, ou o prazer 117
    Epicuro 129

Kant, ou o dever 133
    Ética em Kant 144

Rousseau e a vontade geral 149
    O contrato social 153
    A origem da desigualdade entre os homens 158

O existencialismo de Jean-Paul Sartre 163
    Um exemplo: Holden Caulfield 168

Relativismo e a verdade 175

Epílogo 187

Referências bibliográficas 190

Nota ao leitor

Estas linhas, como um espelho, refletem mais de vinte anos de aulas de Ética na Universidade. Inicialmente para alunos de Economia, e mais tarde também para estudantes de Relações Internacionais, Comunicação, Artes, Educação Artística e Direito. O contato com estudantes universitários de tantas áreas foi enriquecedor e estimulante. Cada curso tem as suas peculiaridades, mas todos os alunos sintonizam com a linguagem universal da ética.

Ao longo dos seminários e debates, pude aprender com eles, ver com os olhos deles e sentir com o seu coração. Poderia contar muitas histórias divertidas. Uma vez, uma aluna veio ter comigo no final da aula para explicar por que tinha chegado atrasada aquele dia. Vindo para a Faculdade recebeu um telefonema de um motorista de caminhão que transportava roupas da sua empresa, dizendo que tinha sido parado pela fiscalização e lhe estavam pedindo uma propina para liberar a carga. Não deixava de ser um caso de ética na prática. Noutra ocasião um aluno comentou, ao fim de uma aula, que estava numa encruzilhada sobre se devia adotar uma conduta não muito correta na empresa em que trabalhava. Agora tinha claro o caminho que valia a pena seguir, mesmo a custo de sacrificar algumas vantagens econômicas imediatas.

Independentemente de idade e outras características pessoais, há um algo mais que nos une como pessoas humanas com relação à ética. Com frequência ouço dizer que muitas pessoas estão perdidas na floresta das decisões corretas a adotar e desorientadas com relação ao pensamento ético. Penso que isso é, em parte, consequência da falta de reflexão, da falta de estímulo para ensinar e motivar as pessoas a pensar por conta própria. Em parte, também é fruto da própria vida da pessoa, das decisões e ações passadas.

Em muitas ocasiões minha função como professor foi apenas propor, motivar, observar e orientar o debate em que se analisavam casos apresentados pelos próprios alunos. Pude assim ver como temos dentro de nós a orientação para descobrir as decisões que nos tornam mais humanos, mais éticos. Temos a capacidade de descobrir o caminho que nos torna felizes. Esse caminho é sempre o da ética. A longo prazo a atitude ética é «a melhor maneira de fazer negócios», como afirmava um célebre professor americano de ética nos negócios.

A experiência em sala de aula repetiu-se também no âmbito empresarial, com grupos de executivos. As conclusões são semelhantes. Espero que o leitor encontre neste trabalho elementos para formar uma opinião sobre a excelência humana e a ética à luz de diversos autores do pensamento, clássicos e modernos. A atitude ética verdadeira nos conduz à plena realização como seres humanos.

Dedico este livro a todos os meus alunos e àqueles que compartilharam comigo essas experiências.

«Conhece-te a ti mesmo».
Um projeto para a vida

Durante um almoço num dia de verão, um amigo me contou como decidiu estudar Ciências Econômicas. Enquanto pensava que curso universitário escolheria ao completar os estudos secundários, assistiu a uma palestra intitulada «Um projeto para o Brasil». Aquela aula foi decisiva. Queria entender e participar desse projeto. Corriam os anos dourados da economia mundial, o fim da década de 1960, antes da crise do petróleo que tornou célebre uma palavra nova no vocabulário econômico, «estagflação»: uma mistura de estagnação (recessão) com inflação. Aquela palestra marcou seu futuro. Formou-se economista e, após muitos anos de exercício da profissão de professor e economista, aposentou-se como funcionário do Banco Central e continuou lecionando economia.

Os projetos para o futuro moldam nossas expectativas e os nossos anseios. Uma pessoa sem ideais, sem projetos, é um velho de alma. Não espera mais nada da vida. A morte é o fim dos sonhos e dos projetos. Um dia um amigo indagou de um grande empresário qual era o segredo da vitalidade que ostentava. «Projetos», foi a resposta. «Tenho projetos para os próximos cinquenta anos», dizia quando já ultrapassava os oitenta.

Projetos pelos quais valha a pena lutar: esse é o segredo da existência. Os projetos se aplicam aos diversos campos da nossa vida. Podemos planejar um projeto profissional, um projeto esportivo, um projeto familiar... E unindo todos podemos pensar em um projeto para a nossa vida, ou seja, um projeto de ser humano.

No campo empresarial, por exemplo, muito se escreve sobre excelência na prestação de serviços, excelência dos produtos oferecidos, excelência de uma instituição educativa... Também é possível em pensar em excelência humana. O que torna uma pessoa excelente como pessoa humana?

Para examinar essa questão é preciso, em primeiro lugar, indagar a respeito do que se entende por excelência. A etimologia de excelência nos remete a sua origem latina. *Ex-cellere* significa subir, ascender, tornar-se melhor. Por essa razão a excelência está relacionada com o processo de tornar-se melhor como ser humano, ou seja, ter um projeto de vida pelo qual valha a pena gastar a existência na terra.

Um dos melhores elogios que vários professores recebemos de um aluno vem nos agradecimentos de uma monografia de conclusão de curso. O aluno, citando-nos nominalmente, comentava que ao concluir a faculdade, graças à nossa ajuda, tinha-se tornado «uma pessoa melhor». Tinha avançado no caminho da excelência.

O termo excelência no dicionário Aurélio remete à qualidade de excelente. No verbete «excelente» é possível ler: «que é muito bom, que excele». Ou seja, não é somente bom, mas muito bom. E o que é o bem (substantivo) e o bom (adjetivo)? Essa questão, por sua vez, nos leva a indagar sobre as qualidades do ser humano, que serão analisadas mais adiante.

Antes de responder a essas questões é importante elaborar um diagnóstico pessoal sobre o tema. Antes de elaborar «um projeto para o Brasil», é preciso ter um diagnóstico do Brasil.

Não é recomendado a ninguém iniciar um projeto de treino esportivo sem ter um diagnóstico da saúde do interessado em praticar esporte. Quem deseje participar e concluir uma maratona precisa de preparo e condicionamento físicos. Alguém que não pratique esportes e leve uma vida sedentária cometerá uma loucura caso se inscreva para correr uma maratona. O diagnóstico das condições de saúde e o preparo físico preliminar são condições necessárias para o sucesso do empreendimento. Um amigo que já passou dos cinquenta e não foi um atleta durante a juventude me contou como se preparou para participar das maratonas de São Paulo e Berlim, em 2011. Pessoalmente, ele não tinha ideia do enorme esforço e das providências que teve de superar para alcançar essa meta. Não só de treino e acompanhamento, mas também de dieta, de mudança de hábitos alimentares... Esse ingente esforço permitiu que coroasse com sucesso sua participação nas provas.

Antes de formular um projeto de vida pautado pela excelência torna-se necessário um diagnóstico a respeito de nós mesmos. Esse diagnóstico é fundamental para o sucesso da empreitada. Na Antiguidade clássica, os gregos formularam um ideal de excelência humana e de educação para alcançar a excelência. Esse ideal se traduziu na *paideia*, que é precisamente o ideal de educação na Grécia clássica.

O diagnóstico do condicionamento físico de uma pessoa, da situação de uma empresa, de uma doença e assim por diante exige, em primeiro lugar, um exame cuidadoso da pessoa, da empresa ou dos sintomas. Esse exame também se aplica a uma pessoa que deseja alcançar a excelência humana. Em termos práticos, é preciso conhecer-se a si próprio, fazer um exame de consciência, para obter um diagnóstico e elaborar um projeto de vida.

Não temos controle sobre o nosso futuro, mas se não colocarmos uma meta, um objetivo, não chegaremos a lugar algum. Seremos um barco à deriva nos oceanos da existência humana. Nenhum porto seguro, nenhuma meta pautará nossa existência. Nossa vida não passará de uma paixão inútil, deambularemos a esmo pelos mares dos caprichos do momento, sem rumo e sem sentido...

Os gregos traduziram o exame pessoal numa célebre frase, «Conhece-te a ti mesmo», esculpida no templo de Apolo na cidade de Delfos. Delfos era considerada pelos gregos o «umbigo» do universo. Era um dos centros de peregrinações mais procurados da Grécia. Havia uma lenda segundo a qual duas águias saíram voando pelo vasto mundo e, após percorrerem o céu de norte a sul e de leste a oeste, se cruzaram em Delfos, sinalizando

UM PROJETO PARA A VIDA

assim que esse local representava um marco privilegiado do universo.

Em Delfos, no templo de Apolo, a pítia, uma sacerdotisa dedicada ao culto do deus da luz, era consultada por aqueles que gostariam de conhecer o futuro. As questões mais diversas eram submetidas ao seu augúrio. Com palavras nem sempre claras, emitidas num estado de transe, o oráculo falava do futuro dos deuses e dos homens, da história, da vida e da morte. Reis indagavam se deveriam entrar em batalha, homens perguntavam ao oráculo quem era o mais sábio deles ou que aconteceria no seu reinado...

A Delfos se dirigiam os passos de cidadãos de toda a Grécia. Era lá que ficava o Monte Parnaso, dos poetas. Apolo era seu patrono. O próprio nome, Delfos, deriva de *delfin* (golfinho), que era o animal que representava o deus Apolo. No sopé do monte se encontra a fonte Castália, onde a pítia se purificava antes de prever o futuro. No seio do monte morava a serpente Pitão, que foi morta por Apolo, e do nome pitão recebia a pítia seu próprio nome.

A multidão que acorria dos quatro cantos da Grécia era tão numerosa, e a dramaturgia tão popular, que se construiu um teatro, logo acima do templo de Apolo, onde eram representadas as tragédias gregas escritas por dramaturgos como Esquilo, Sófocles e Eurípides. Diante da *skené* («cenário») do teatro, atores com máscaras davam vida a personagens como Antígona, Creonte, Ismênia, Hémon, Tirésias.

Delfos também era palco de competições olímpicas que se repetiam, a cada quatro anos, em homenagem ao Deus Apolo. Embora as mais célebres olimpíadas fossem disputadas em Olímpia, no Peloponeso, em homenagem a Zeus, ainda hoje é possível admirar as ruínas do local em que se realizavam as competições esportivas em Delfos. Além das competições em Olímpia e Delfos, também ocorriam periodicamente competições em Nemeia, em homenagem a Hércules, que venceu o Leão de Nemeia no primeiro dos seus doze trabalhos, e os jogos ístmicos, em Corinto, para homenagear o deus Posêidon, deus do mar e irmão de Zeus.

«Conhece-te a ti mesmo» era a máxima de sabedoria grega recomendada a todos os cidadãos do orbe grego. Conta-se que os sete homens mais sábios da Grécia responderam com essa frase quando lhes perguntaram que palavras gravar à entrada do Templo de Apolo. Curiosamente, Nelson Mandela respondeu o mesmo após muitos anos na prisão. A solidão da cela e a privação da liberdade física, em meio a grandes sofrimentos e provações, lhe trouxeram algo de valor inestimável: o conhecimento próprio. Nas suas próprias palavras, que vale a pena citar textualmente:

A cela é um lugar ideal para aprendermos a nos conhecer, para se vasculhar realística e regularmente os processos da mente e dos sentimentos. Ao avaliarmos nosso progresso como indivíduos, tendemos a nos concentrar em fatores externos, como posição social, influência e popularidade, riqueza e nível de instrução. Certamente são dados importantes para se medir o sucesso nas questões materiais, e é perfeitamente compreensível que tantas pessoas se esforcem tanto para obter todos eles, mas os fatores internos são mais

UM PROJETO PARA A VIDA   15

decisivos no julgamento do nosso desenvolvimento como seres humanos. Honestidade, sinceridade, simplicidade, humildade, generosidade pura, ausência de vaidade, disposição para ajudar aos outros – qualidades facilmente alcançáveis por todo indivíduo[1] – são os fundamentos da vida espiritual. O desenvolvimento de questões dessa natureza é inconcebível sem uma séria introspecção, sem o conhecimento de nós mesmos, de nossas fraquezas e nossos erros. Pelo menos – ainda que seja a única vantagem – a cela de uma prisão nos dá a oportunidade de examinarmos diariamente toda a nossa conduta, de superarmos o mal e desenvolvermos o que há de bom em nós. A meditação diária, de uns quinze minutos antes de iniciar o dia, é muito produtiva nesse aspecto. A princípio, pode ser difícil identificar os aspectos negativos em sua vida, mas a décima tentativa pode trazer valiosas recompensas. Não se esqueça de que os santos são pecadores que continuam tentando[2].

Conhecer-nos a nós mesmos é mergulhar nos fatores internos, é tentar dar um sentido mais profundo e importante à nossa vida. A sociedade consumista afoga até mesmo a questão do valor dos fatores internos como honestidade, sinceridade, simplicidade... A procura de sucesso, de bens materiais não abre espaço para outras

---

(1) O único ponto que vale a pena matizar nesse extraordinário texto é que, para a maioria dos mortais, alcançar essas virtudes talvez não seja algo tão fácil; antes exige esforço, sacrifício e força de vontade.

(2) Nelson Mandela, *Conversas que tive comigo*, Rocco, Rio de Janeiro, 2010, pág. 9.

preocupações e interesses menos materiais, e a pessoa, em vez de enriquecer-se interiormente, vai diminuindo seu horizonte e seu sentido da vida, até reduzir sua perspectiva vital aos aspectos mais materiais da existência.

Na *Apologia de Sócrates*, escrita por Platão, há uma frase que resume o pensamento do filósofo ateniense e que reflete o mesmo conceito com uma diferença de vinte e cinco séculos:

> Outra coisa não faço senão andar por aí persuadindo-vos, moços e velhos, a não cuidar tão aferradamente do corpo e das riquezas, como de melhorar o mais possível a alma, dizendo-vos que dos haveres não vem a virtude para os homens, mas da virtude vêm os haveres e todos os outros bens particulares e públicos.

A riqueza interior – afirmam Mandela, Sócrates e tantos outros pensadores e filósofos – é mais importante do que a riqueza exterior. E o conhecimento próprio e o exame da nossa vida são o caminho para o diagnóstico da nossa situação e a descoberta de um ideal de excelência humana.

O silêncio e a reflexão são as condições ideais para o conhecimento próprio. Eles oferecem-nos a oportunidade de mergulhar no mundo interior e exterior com olhar contemplativo. A vida em sociedade enriquece o homem e a personalidade, porém é necessário preservar um tempo para a reflexão pessoal, para a meditação. A sociedade moderna da informação, das redes sociais, das mensagens instantâneas pode absorver a pessoa humana com overdoses de informação e não deixar lugar para a reflexão.

Conhecer-nos a nós mesmos, saber quem somos cada um de nós? Eis a grande questão que desde os alvores da humanidade intrigou os filósofos e as pessoas com um ideal. Hoje muitas pessoas deixaram de lado esta questão fundamental para nossas vidas. Enquanto procuramos saber, ainda há uma esperança de encontrar uma resposta, mesmo que parcial. O problema é quando deixamos de perguntar-nos, de tentar conhecer-nos.

O conhecimento próprio exige o espírito de exame, em primeiro lugar. Além da reflexão pessoal há outros fatores que favorecem o conhecimento próprio. Um deles é a formação, as boas leituras, que enriquecem nossa alma e nosso modo de compreender o mundo. As boas leituras fomentam o espírito de exame e nos ajudam a pensar a própria vida a partir das experiências e dos sentimentos dos outros.

Formação é diferente de informação. A própria etimologia das palavras nos remete a seu significado mais profundo. Informe é sem forma. Uma massa informe é um aglomerado sem uma configuração própria, sem um sentido e uma explicação. É algo amorfo. A forma é o conteúdo, a configuração, o significado de algo. Uma pessoa que vive de informação acumula dados, mas sem forma nem significado. Um computador pode acumular mais dados do que uma pessoa, mas não explica nada. Uma montanha de dados sem uma forma não tem significado: são apenas números, registros de algo que não se compreende.

A formação dá sentido a esse conjunto de dados informe. Organiza os dados e os utiliza para uma finalidade. A informação pode ser transformada em formação a partir de uma reflexão, de uma compreensão unitária dos dados de maneira a promover uma mudança rumo a um caminho de melhora e excelência. Um exemplo: levantar e conhecer todos os dados a respeito de um país é acumular informações desconexas. Já a formação, o estudo e a reflexão levam a uma interpretação do país, a uma compreensão das necessidades e carências de uma sociedade, a uma explicação das causas que originaram essa situação, a um diagnóstico integrado dos dados. A partir dessa interpretação é possível corrigir as distorções e melhorar as condições de vida e sociais desse país. Esse exemplo, que se aplica a um país, também pode servir para uma empresa e para a própria vida.

Além do exame pessoal e da formação, há outro elemento que nos ajuda a conhecer-nos a nós mesmos: ouvir os outros. Alguém que nos olha de fora muitas vezes pode nos ajudar a sermos melhores.

É a atitude do jogador de tênis que procura um técnico para que oriente seus treinos e seus jogos. É o que faz o executivo que se submete a um *coaching* para aperfeiçoar suas competências profissionais. É a orientação acadêmica de um estudante que precisa escrever uma monografia para concluir seu curso universitário, ou apresentar sua dissertação de mestrado ou defender a sua tese de doutorado.

Alcançamos a excelência pela ação, a partir de um diagnóstico da nossa vida em que entram em jogo o exame pessoal, a formação e a orientação dos outros. A vida não é teoria, é prática. Cabe então perguntar como entender a ação humana na prática. A filosofia nos ajuda a percorrer esse caminho e a compreender a própria vida e a teoria da ação humana.

Em relação à ação humana, há um tribunal que nos diz se com nossas ações caminhamos rumo à excelência humana ou nos degradamos como pessoas através da nossa ação. Esse tribunal tem um nome: consciência.

Sophie Scholl,
ou a consciência

Sophie Scholl foi uma jovem normal até o momento em que teve de tomar uma decisão muito difícil e custosa: seguir a sua consciência ou abrir mão das suas convicções para salvar a sua vida. Escolheu seguir a voz da consciência e foi condenada à morte pelo regime nazista alemão.

A vida de Sophie até o momento da morte não tinha sido muito diferente da vida das suas colegas de universidade, das suas irmãs e das amigas de infância. Apreciava intensamente a vida ao ar livre, as florestas, os rios, a luz do sol. Gostava das montanhas e dos vales, de esquiar e nadar. Superou inúmeros desafios para alcançar o sonho de estudar na universidade.

Nascida no dia 9 de maio de 1921, no seio de uma família de classe média, tinha três irmãos mais velhos, Inge, Hans e Elizabeth e dois mais novos, Werner, que morreu em 1944 combatendo pela Alemanha, e Tilden, que morreu ainda bebê. Na altura em que nasceu, o pai era prefeito de uma pequena cidade alemã, Forchtenberg am Kocher.

Em 1930, a família transladou-se para Ludwigsburg e dois anos mais tarde para Ulm, onde a jovem completou os estudos secundários em 1940. O acesso à universidade era concedido somente a quem completasse um período de trabalho obrigatório num programa patrocinado pelo governo nazista. Sophie tentou escapar desse programa, que era uma maneira de doutrinar a classe trabalhadora, e, movida por sua afeição às crianças, fez um estágio de seis meses como professora do jardim de infância em Ulm, com a esperança de que as suas horas de trabalho fossem reconhecidas pela burocracia oficial. Não foi o que aconteceu, porém, e, na primavera de 1941, foi obrigada a seis meses de trabalhos agrícolas em Krauchenwies. Ela teve de sujeitar-se a um esquema rígido, que criticava interiormente, e ao mesmo tempo não encontrou ninguém com quem compartilhar alegrias, sofrimentos, preocupações e interesses.

No dia 10 de abril chegou a escrever no diário:

> Cheguei aqui há quatro dias. Compartilho um quarto com outras dez moças. Com frequência preciso fechar meus ouvidos às suas conversas no final da tarde. Toda vez que me junto a elas parece-me como uma concessão e me arrependo [...]. De noite, enquanto elas contam piadas [...], eu leio Santo Agostinho. Leio lentamente, é difícil concentrar-se, mas leio, inclusive quando não sinto nada. Hoje também li algo

SOPHIE SCHOLL, OU A CONSCIÊNCIA

da *Montanha mágica* de Thomas Mann, no intervalo do almoço[1].

Passados vários meses encontrou uma quase amiga, como conta em 23 de agosto, em carta a Lisa Remppis, uma de suas melhores amigas:

> Se for possível, irei à igreja de Krauchenwies hoje no fim da tarde com uma colega do rad [o programa de trabalho do Reich] da Turíngia. (Sua companhia quase sempre me alegra, e sinto que a nossa amizade, se é que um relacionamento tão casual e pouco sentimental pode ser descrito assim, sobreviverá ao rad). Há algumas peças para quatro mãos de Handel e Bach que queremos tocar juntas no órgão. Já pedimos a chave ao pároco mais de uma vez, e a conseguimos[2].

Quando estava para terminar seu semestre de trabalho obrigatório, no início de outubro de 1941, recebeu um novo encargo. Dessa vez, trabalhar num berçário anexo a uma fábrica de munições em Blumberg, perto da fronteira com a Suíça.

Confiou ao diário seus sentimentos com relação a esse novo período da sua vida. Foram meses de reflexão e crescimento interior. De indagações e respostas, principalmente em relação às suas inquietações espirituais.

Superada essa dura prova, teve acesso ao seu sonho, uma vaga na Universidade de Munique como estudante

---

(1) Inge Jens (org.), *At the Heart of the White Rose: Letters and Diaries of Hans and Sophie Scholl*, Harper&Row, Nova York, 1987, pág. 126.

(2) *Idem*, pág. 147.

de Biologia e Filosofia. Lá, o seu irmão Hans, que já estudava Medicina na mesma universidade, lhe apresentou amigos e amigas, a quem Sophie se afeiçoou profundamente, compartilhando seus interesses pela arte, literatura, filosofia e teologia.

Esse grupo de amigos não concordava com a ideologia nazista. E a pregação do bispo de Münster, Clemens August von Galen, estimulou os jovens inconformistas a passar das palavras à ação. Nasceu assim o movimento Rosa Branca, um núcleo de pessoas que resolveu manifestar sua oposição à política e às ideias de Hitler.

Como não havia nenhuma abertura para agir à luz do dia, a organização teve de agir na clandestinidade e difundir as suas ideias anonimamente. Começaram a escrever panfletos críticos do nazismo que mimeografavam e distribuíam por correio ou de mão em mão. Embora Sophie não tenha colaborado diretamente na redação dos folhetos, apoiava ativamente todas as atividades da Rosa Branca.

Hans e Sophie decidiram divulgar o sexto panfleto da Rosa Branca na Universidade de Munique. Entraram no edifício antes do fim das aulas e colocaram maços de folhas nas portas de saída das salas. Quando o sino tocou, Sophie provocou uma chuva de folhetos no saguão central, lançando-os do alto do corredor superior do prédio. O porteiro, ao notar as folhas caindo, fechou a porta de entrada e foi atrás dos responsáveis pela revoada de papel. Sophie e Hans foram descobertos e levados à Reitoria. A Gestapo foi chamada e os irmãos foram conduzidos à prisão da cidade. Era quinta-feira ,18 de fevereiro de 1943.

Interrogados e pressionados pela polícia, ambos confessaram ter participado da divulgação dos folhetos. A po-

SOPHIE SCHOLL, OU A CONSCIÊNCIA

lícia estava atrás das pistas da Rosa Branca, e o governo alemão decidiu dar uma punição exemplar aos opositores do regime, para evitar novas manifestações contrárias ao governo. Concluídas as investigações e os interrogatórios, os dois foram submetidos a um julgamento arranjado e falso, presidido pelo juiz Roland Freisler, e acabaram, junto com Christoph Probst, condenados à morte por alta traição. Foram executados quatro horas após ouvir a sentença, na segunda-feira, dia 22 de fevereiro de 1943[3].

Em 2005 um filme revisitou os últimos dias de Sophie. O título original é *Sophie Scholl – Die letzten Tage* [*Sophie Scholl: Os últimos dias*] e foi lançado em português com o subtítulo: A mulher que desafiou Hitler). A atriz, Julia Jentsch, recebeu o Urso de Prata pela sua atuação no Festival de Cinema de Berlim e o filme foi indicado para o prêmio da Academia como melhor filme em língua estrangeira em 2006.

Com base na documentação e nos interrogatórios na prisão, o filme reconstitui a vida de Sophie entre os dias 18 e 22 de fevereiro de 1943. Inicialmente Sophie negou todas as acusações de ter participado do movimento Rosa Branca e de ter concordado em agir contra o regime nazista. Entretanto, em face das sucessivas provas coletadas pela polícia, terminou por assumir a responsabilidade na distribuição dos folhetos, assim como seu apoio à resistência ativa ao nazismo. Uma vez que o policial que a

---

(3) Para conhecer com mais detalhes o julgamento de Sophie Scholl, sugiro a leitura de: Frank McDonough, *Sophie Scholl: The Real Story of the Woman Who Defied Hitler*, History Press, Londres, 2010. O autor teve acesso à correspondência e diário de Sophie, bem como aos registros dos interrogatórios e à transcrição do julgamento.

interrogou obteve uma confissão completa, e motivado talvez pela integridade de Sophie e pela simpatia que sentia por ela, tentou ajudá-la, mostrando que ainda havia esperança de que não fosse condenada caso negasse tudo aquilo que tinha afirmado e assinasse uma retratação, arrependendo-se e mudando de atitude.

É nesse momento que entra em jogo a consciência de Sophie Scholl. A única opção era negar tudo aquilo em que acreditava, tudo aquilo por que tinha lutado, tudo aquilo que a levou a opor-se ao nazismo... Diante desse dilema, Sophie decide seguir a voz da consciência.

O filme foi elaborado com base em entrevistas de sobreviventes do movimento e nos arquivos mantidos na Justiça sobre os interrogatórios conduzidos pela polícia. O oficial da Gestapo encarregado do caso foi Robert Mohr. A transcrição do último interrogatório do filme, ilustra a decisão e convicções de Sophie[4].

Sophie: Então por que quer nos punir?

Interrogador: Porque é a lei. Sem lei não há ordem.

Sophie: A lei a que se refere protegia a liberdade de expressão antes do nazismo subir ao poder, em 1933. Quem opina hoje é preso ou condenado à morte. Isso é ordem?

Interrogador: Só podemos confiar na lei, não importa quem a tenha escrito.

---

(4) Embora não seja literal, foi elaborado com base no exame da documentação do processo. De acordo com Frank McDonough, o interrogatório não foi gravado (cf. *Sophie Scholl*, pág. 136).

Sophie: E na sua consciência.

Interrogador: Bobagem! Aqui está a lei e aqui está o povo. Como criminalista, devo descobrir se ambos coincidem e, se não coincidirem, encontrar a maçã podre.

Sophie: As leis mudam, a consciência não.

Interrogador: E se todos decidissem o que é certo ou errado individualmente? O que restaria se criminosos derrubassem o *führer*? Caos criminal. E o tão falado livre-pensamento, federalismo, democracia? Sabemos aonde vamos parar.

Sophie: Sem Hitler e seu partido haveria lei e ordem para todo mundo. Todos estariam livres de atos arbitrários, não só os capachos.

Interrogador: Como se atreve a fazer comentários aviltantes?

Sophie: Aviltante é nos chamar de criminosos por causa de alguns panfletos. Só tentamos convencer as pessoas com palavras.

Interrogador: Descaradamente, você e seu grupo abusaram de seus privilégios. Estudam em tempo de guerra com o nosso dinheiro. Eu era alfaiate no tempo da democracia. Sabe o que me tornou um policial? A ocupação francesa, não a democracia alemã. Sem o movimento, eu ainda seria um policial do interior. Aquele repulsivo Tratado de Versalhes. Inflação, desemprego, pobreza, o nosso *führer* Adolf Hitler acabou com tudo isso.

Sophie: E levou o país para uma guerra sangrenta onde todos morrem em vão!

Interrogador: Uma luta heroica! Você recebe os mesmos cupons que as pessoas que combate! Está em melhor posição do que pessoas como eu. Você não precisa fazer isso! Como ousa elevar a voz? O *führer* e o povo estão protegendo você!

Sophie: Aqui no Palácio Wittelsbach? Prendendo a minha família?

Interrogador: Estamos libertando a Europa da plutocracia e do bolchevismo. Lutamos pela Alemanha livre! Nunca mais seremos ocupados.

Sophie: Até a guerra acabar e as tropas estrangeiras invadirem e o mundo apontar o dedo para nós por tolerar Hitler.

Interrogador: O que dirá quando a vitória final for nossa? Quando a liberdade e a prosperidade florescerem? [...]

Sophie: Na Alemanha de Hitler todos deixaram de acreditar na Liga.

Interrogador: E se eu estiver certo? Você é protestante?

Sophie: Sou.

Interrogador: A Igreja também exige devoção, mesmo se você tiver dúvida.

Sophie: As pessoas vão à Igreja voluntariamente. Hitler e o nazismo não oferecem nenhuma outra opção.

Interrogador: Por que se arrisca tanto por falsos ideais?

Sophie: Porque tenho consciência.

Interrogador: Você é tão dotada, por que não pensa como nós? Liberdade, honra, prosperidade. Um governo moralmente responsável. Esta é a nossa convicção.

Sophie: Não abrir os olhos para o terrível banho de sangue conduzido pelo nazismo em nome da liberdade e da honra? A Alemanha cairá em desgraça se a juventude não derrubar Hitler e construir uma Nova Europa intelectual.

Interrogador: A Nova Europa só pode ser nacional-socialista.

Sophie: E se o *führer* for louco? Por exemplo: o ódio racial. Tivemos um professor judeu em Ulm. Ele ficou diante de uma tropa SA. E todos cuspiram em seu rosto. Naquela noite, ele desapareceu. Como muitos em Munique. Supostamente foram trabalhar na Europa Oriental.

Interrogador: Acredita nessa bobagem? Judeus são emigrantes.

Sophie: Soldados vindos do Leste falam de campos de extermínio. Hitler quer exterminar todos os judeus europeus. Ele pregava essa loucura há 20 anos. Como pode acreditar que os judeus são diferentes de nós?

Interrogador: Essa gente nos trouxe infortúnio. Você está confusa, não tem ideia. Teve educação errada. Eu a teria educado diferente.

Sophie: Tem ideia do meu choque quando descobri que os nazistas eliminavam crianças deficientes mentais? Amigas de minha mãe nos contaram isso. Caminhões vinham recolher as crianças no hospital. As outras crianças perguntavam para onde estavam indo. "Para o céu", diziam as enfermeiras. E as crianças subiam no caminhão cantando. Acha que não fui bem-criada porque sinto pena delas?

Interrogador: Eram vidas inúteis. Você foi treinada para ser enfermeira. Já viu doentes mentais.

Sophie: Vi, por isso eu sei. Ninguém escapa do julgamento divino. Ninguém sabe o que passa na mente de um deficiente mental. Quanta sabedoria pode vir do sofrimento. Toda vida é preciosa.

Interrogador: Você precisa entender que uma nova era nasceu. O você que diz não tem nada a ver com a realidade.

Sophie: É claro que tem. Com decência, moral e Deus.

Interrogador: Deus? Deus não existe. Não é verdade que você confiou no seu irmão, que acha certo o que ele fez? Que você participou disso? Não devemos por isso no relatório.

Sophie: Não, porque é errado.

Interrogador: Tenho um filho um ano mais novo do que você. Ele já teve ideias malucas. Hoje está na frente oriental porque sabe que tem um dever a cumprir.

Sophie: Acredita na vitória final?

Interrogador: Se tivesse considerado tudo não teria se envolvido nisso. Sua vida está em jogo. A título de protocolo pergunto a você: Após nossas conversas considera que as ações com seu irmão podem ser vistas como um crime contra a sociedade e, em particular, contra as tropas em combate e que devem ser severamente condenadas?

Sophie: Não, do meu ponto de vista.

Interrogador: Admitindo o seu erro não estaria traindo seu irmão.

Sophie: Mas trairia o meu ideal. Eu faria tudo de novo. Você está errado, não eu. Ainda acredito que agi no melhor interesse do meu povo. Não me arrependo. Aceitarei as consequências.

O interrogatório acaba. O oficial telefona avisando que terminaram e lava as mãos. O diálogo mostra claramente que Sophie agiu obedecendo a sua consciência, aquilo que o tribunal íntimo lhe dizia ser correto. A força da sua argumentação reside na convicção da verdade que portava como bandeira. O interrogador foge mesmo da questão de se acreditava na vitória final.

Robert Mohr levantou três pontos para tentar convencer Sophie a mudar de opinião, com o desejo de poupar-lhe a vida. Vale a pena refletir sobre essas questões, do ponto de vista ético. Os três pontos são: a *lei*, a *religião* e a *educação*.

Em primeiro lugar, Mohr menciona a *lei*, cuja obediência estava em conflito com a consciência pessoal da jovem. Sophie agia em consciência e não podia, por essa razão, concordar com o nazismo. A ética que o tribunal da consciência invoca entra, por vezes, em contradição com a lei. Nesse caso é necessário decidir e seguir a própria consciência.

O segundo argumento é a *religião*. Sophie não invoca convicções religiosas para justificar a sua decisão, mas sim a consciência. Nesse sentido parece que a leitura de Newman contribuiu para a importância atribuída à consciência nas suas deliberações. O namorado de Sophie, Fritz Hartnagel, oficial do exército alemão, foi testemunha da importância da obra de Newman na formação da namorada. A correspondência entre os dois mostra que Sophie lhe entregou dois volumes dos sermões de Newman. Em maio de 1942, Fritz foi destinado ao *front* oriental. Lá assistiu aterrorizado ao assassinato em massa de judeus e escreve a Sophie que a leitura de Newman representa, nessa situação, «gotas de precioso vinho». Em outra carta afirma: «A consciência torna-nos capazes de distinguir entre o bem e o mal», frase que lembra Newman. Pouco antes de Sophie ser presa, Fritz foi evacuado de Stalingrado, em 22 de janeiro de 1943, antes de a Alemanha ser derrotada, mas ao retornar a Munique, Sophie já tinha sido condenada e executada na Prisão de Stadelheim.

Por último, aparece a *educação*. Sócrates e Platão enfatizam o papel da educação para fazer o bem, entretanto não é só a educação o que determina a vida da pessoa. Há pessoas que recebem uma excelente educação e renegam na prática a educação que receberam, assim como também pode acontecer o contrário.

A vida por uma causa

A vida de Sophie não foi em vão. O seu exemplo de vida e de coragem ressoa e continuará a ecoar a cada dia com mais força. A passagem do tempo só agiganta a sua figura. Seu compromisso com a consciência fez com que a sua vida seja um exemplo e uma fonte de inspiração para a humanidade.

Como o diálogo reproduzido no filme não foi gravado nem transcrito, não é possível saber até que ponto corresponde àquilo que de fato ambos conversaram; entretanto, um depoimento escrito de Robert Mohr sobre o que aconteceu naqueles dias mostra como se desenvolveu o interrogatório no Palácio de Wittelsbach.

A irmã mais velha de Sophie, Inge, também escreveu um relato dos últimos dias dos irmãos e recolhe como anexos testemunhos de outras pessoas envolvidas com a Rosa Branca. A composição dos relatos biográficos permite-nos obter um quadro ilustrativo da resistência ao nazismo por parte dessa organização, que desejava despertar a consciência alemã para os descaminhos daquela ideologia.

Ela diz, por exemplo, que o pai dos irmãos Scholl, Robert, nunca compartilhou dos ideais nazistas e chegou mesmo a ser preso por ter chamado Hitler de «flagelo da humanidade» diante de uma funcionária que depois viria a denunciá-lo. Os filhos inicialmente seguiram a onda nazista e se filiaram à Juventude Hitlerista, porém pouco a pouco foram afastando-se dessa bandeira.

Inge conta que Hans fora promovido a líder de patrulha. O grupo do irmão costurou um animal da mitologia na bandeira em homenagem a Hitler. Certa noite um líder superior intimou o menino que portava a bandeira a entregá-la e o proibiu de usar bandeiras especiais. Diante da perplexidade do menino e da arrogância do líder, Inge relata que Hans

não conseguiu mais se controlar. Saiu da fileira e deu um tapa no rosto do outro líder. A partir de então, Hans deixou de ser o líder da patrulha. A fagulha daquela dúvida torturante que havia se acendido em Hans alastrou-se entre nós[5].

Por aqueles dias ouviram que um jovem professor tinha sido enviado a um campo de concentração pela simples razão de não compactuar com o partido. Foi preso por um grupo da ss que cuspiu no rosto dele. Ao perguntar à mãe do professor o que ele tinha feito, apenas respondeu que não era nacional-socialista.

Em 1942 encontraram na caixa de correio cartas mimeografadas, sem remetente, que transcreviam trechos dos sermões do Bispo de Münster, Von Galen, denunciando o nacional-socialismo. Num trecho de uma das cartas leram, por exemplo:

Neste momento, não somos o martelo, mas a bigorna. Outros, quase sempre desconhecidos e apóstatas, nos martelam; pela violência querem dar nova forma ao nosso povo e até mesmo aos nossos jovens e

---

(5) Inge Scholl, *A Rosa Branca: a história dos estudantes alemães que desafiaram o nazismo*, Editora 34, São Paulo, 2ª ed., 2014, pág. 27. As citações dos depoimentos que seguirão adiante foram retiradas dessa coletânea organizada por Juliana P. Perez e Tinka Reichmann.

SOPHIE SCHOLL, OU A CONSCIÊNCIA

querem desviá-los da postura correta diante de Deus. [...] Há alguns meses ouvimos notícias de que, por ordem de Berlim, pacientes que estivessem doentes há muito ou parecessem incuráveis fossem tirados à força dos hospitais e sanatórios para doentes mentais. Via de regra, os parentes recebem um comunicado pouco tempo depois, informando que o doente faleceu, o corpo foi cremado e as cinzas podem ser retiradas. No geral, reina a suspeita, que é quase uma certeza, de que esses numerosos e inesperados casos de mortes de doentes mentais não ocorrem de forma natural, mas são induzidos deliberadamente...

A leitura dessa carta, conta a irmã, despertou a indignação de Hans, que

ficou profundamente agitado depois de ler aquelas linhas. «Finalmente alguém teve a coragem de falar». Por um tempo, ele contemplou pensativamente os papéis impressos e, por fim, disse: «Deveríamos ter um mimeógrafo».

Quando começou o curso de Medicina na Universidade de Munique, Hans logo foi conhecendo pessoas e estabelecendo amizades. Um dos estudantes com quem fez rápida amizade foi Alexander Schmorrell, filho de um conceituado médico na cidade. Alexander, por sua vez, apresentou-lhe Christoph Probst, com quem sentiu uma profunda afinidade:

O mesmo amor pela criação, os mesmos livros e filósofos os comoviam [...]. Porém, o sentimento mais forte que compartilhavam era a busca pelo Uno que está por trás de todas as coisas, do homem e da sua história.

Assim como o irmão também Sophie sentia uma necessidade de formação humanística e religiosa. Às vésperas da partida para Munique, a irmã Inge lembra como Sophie cultivava a mente:

Naquele tempo era proibido ter livros próprios. Porém, ela [Sophie] mantinha seu volume de Santo Agostinho escondido num lugar seguro. Naquela época, houve um renascimento da literatura teológica, que abrangia desde os Padres da Igreja até os escolásticos, com São Tomás de Aquino como figura central, e continuava com os ousados sucessores da filosofia e teologia francesa moderna. Tal renascimento também incluía vertentes para além da religiosidade oficial. Em Santo Agostinho, Sophie achou uma frase que parecia ter sido escrito para ela, precisamente para ela, embora a frase já tivesse mais de mil anos: «Fizeste-nos para Ti, Senhor, e o nosso coração está inquieto enquanto não repousar em Ti».

Por amigas da mãe, freiras da cidade de Schwäbisch Hall, Sophie tomou conhecimento de como o governo tratava as crianças com deficiência mental:

Um dia, uma das irmãs veio de novo, estava triste e resignada, e não sabíamos como ajudá-la. Enfim ela contou o motivo do seu sofrimento. Havia algum tempo, suas crianças estavam sendo levadas em grupos, em caminhões da ss, para serem mortas em câmaras de gás. Quando o primeiro grupinho não voltou da excursão misteriosa, surgiu uma estranha inquietação entre as crianças da instituição. «Para onde vão os caminhões, tia?» – «Para o céu», responderam as irmãs em sua perplexidade e impotência. A partir daquele momento as crianças entravam cantando nos veículos desconhecidos.

Ao chegar em Munique, um mundo novo se descortina para Sophie. Começa a cultivar a amizade com as pessoas que o irmão lhe apresenta e a participar de diversas atividades culturais. Apreciava especialmente as apresentações musicais e os concertos. Até então Sophie não tinha conhecimento das atividades clandestinas do irmão. Perto de onde moravam um artista amigo, mobilizado pelo exército, havia emprestado um ateliê situado no fundo da sua casa para o grupo da Rosa Branca. Lá se reuniam à noite para reproduzir os panfletos no mimeógrafo.

Como conta Inge Scholl:

> Sentiam claramente o quanto estavam isolados e temiam que seus melhores amigos se afastassem horrorizados, se soubessem das suas atividades. Pois só o fato de tomar conhecimento já era um perigo imenso. Nessas horas, estavam plenamente conscientes de que caminhavam à beira de um precipício. [...] O chão firme da cidade havia se transformado em um tecido quebradiço; ainda estaria sob seus pés amanhã? Cada dia que chegava ao fim era um presente da vida, e cada noite que irrompia trazia a preocupação do dia seguinte. [...] Então não havia alternativa além de se refugiar no próprio coração, lá onde uma voz lhes dizia que estavam fazendo a coisa certa e que deveriam

fazê-la mesmo se estivessem totalmente sozinhos no mundo. Acredito que nessas horas podiam falar livremente com Deus, Aquele que procuravam, tateantes, em sua juventude. Nessa época, Cristo tornou-se para eles o enigmático irmão mais velho, que sempre estava lá, ainda mais próximo do que a morte.

Para que os panfletos tivessem um maior impacto era preciso distribuí-los no maior número de cidades possíveis. Serviam-se de malas para guardá-los e depois levá-los a grandes cidades, como Frankfurt, Stuttgart, Viena, Friburgo... A caminho dos seus destinos passavam por patrulhas da polícia e da Gestapo. Precisavam ser discretos nos trens. Uma mistura de sentimentos os acompanhavam nas suas viagens.

Hans e Sophie moravam juntos em dois quartos espaçosos. As atividades noturnas do irmão levaram-na a desconfiar de algo. Um dia ele chegou de madrugada com Alex e lhe fez uma revelação surpreendente. Se no dia seguinte ela passeasse pela Ludwigstrasse, poderia ler em setenta locais as palavras «Abaixo Hitler» e ao chegar à universidade encontraria no muro a pichação: «Liberdade». Com efeito, no dia seguinte, Sophie fez um desvio para chegar à universidade e pôde observar os muros pichados. Na entrada da Universidade, duas russas esfregavam a inscrição.

Ao tomar conhecimento das atividades que o irmão e os amigos desenvolviam, Sophie começou a colaborar com eles. Por aquela época escreveu no diário:

> Muitas pessoas acreditam que nosso tempo será o último. Sinais terríveis os levam a crer nisso. Mas

essa crença é de fato relevante? Pois toda pessoa não deve, independentemente da época em que vive, estar sempre preparada para prestar contas diante de Deus? Por acaso sei se ainda estarei viva amanhã de manhã? Uma bomba poderia aniquilar a todos nós esta noite. E nesse caso minha culpa não seria menor do que se eu sumisse junto com a terra e as estrelas. Não consigo entender que hoje pessoas «devotas» duvidem da existência de Deus só porque os homens seguem o seu caminho com armas e atos abomináveis. Como se Deus não tivesse o poder (sinto que tudo está em suas mãos), todo o poder. Só precisamos temer pela existência dos homens, pois eles se afastam dEle, que é a sua vida.

Os folhetos condenando Hitler e o nazismo começaram a chegar à Gestapo no verão de 1942, e a polícia iniciou as investigações para descobrir os seus autores. Como vários integrantes da Rosa Branca – entre eles Hans – foram mobilizados para ajudar na enfermaria das frentes de batalha, as atividades do grupo diminuíram de intensidade. O grupo só pôde retomar as atividades quando os seus membros retornaram do front, em novembro de 1942.

Contavam então com a colaboração de um professor, Kurt Huber, amigo do grupo. O professor estava preparando um novo texto para ser distribuído. Em face do perigo e o risco que corria, passou pela cabeça de Hans se não valeria a pena abandonar tudo e fugir para a Suíça, por exemplo, atravessando as montanhas. Como montanhista experiente que era, não seria difícil para ele realizar a travessia com sucesso. A sua fuga, entretanto, levantaria suspeitas. As consequências recairiam sobre sua família e amigos, que poderiam ser presos, condenados ou enviados a um campo de concentração.

Assim, ele e os amigos decidiram continuar com os panfletos mimeografados. Na ensolarada quinta-feira do dia 18 de fevereiro, como já vimos, foram presos e conduzidos ao Palácio de Wittelsbach para serem interrogados. Hans, Sophie e Christoph foram executados.

Como resume Inge Scholl:

> Todas as pessoas que ainda tiveram contato com eles naqueles dias, os outros presos, os capelães, os carcereiros, os próprios oficiais da Gestapo, ficaram muitíssimo impressionados com sua valentia e com a nobreza de sua postura. Sua serenidade e seu equilíbrio faziam um contraste estranho com a tensão nervosa que reinava no edifício da Gestapo. A ação causara grande inquietação até nos mais altos escalões do partido e do governo. Um triunfo silencioso da liberdade impotente parecia ganhar corpo, e a notícia corria como um primeiro vento de primavera pelas prisões e campos de concentração. Muitos dos que os conheceram na prisão relataram sobre os últimos dias e horas antes de suas mortes. Esses numerosos pequenos relatos são como minúsculos ímãs que, ao se encaixarem, formam um todo e compõem alguns dias de uma vida intensa. Era como se nesses dias se condensassem os muitos outros anos que não viveriam com redobrada força vital.

O investigador-chefe da Gestapo de Munique, Robert Mohr, transmitiu em um depoimento a imagem da sere-

SOPHIE SCHOLL, OU A CONSCIÊNCIA

nidade e dignidade do comportamento dos irmãos naqueles dias:

> Tanto Sophie como Hans Scholl estavam totalmente conscientes da gravidade dos seus atos e do desfecho em que poderiam culminar. Mesmo assim, até o amargo final mantiveram uma postura que só pode ser caracterizada como ímpar. Ambos foram uníssonos nas suas declarações ao afirmar que seus atos tinham um único objetivo: evitar uma desventura maior para a Alemanha; os irmãos tentavam contribuir fazendo a sua parte para salvar a vida de centenas de milhares de soldados e civis alemães. Segundo eles, quando a ventura ou desventura de um grande povo está em jogo, de fato, nenhum meio ou sacrifício oferecido de bom grado é grande demais. Até o fim, Sophie e também Hans Scholl estavam convencidos de que seu sacrifício não seria em vão.

Como estavam isolados desde o começo dos interrogatórios, e não podiam conversar entre si, a preocupação inicial de ambos era assumir a completa responsabilidade da publicação e distribuição dos panfletos, de forma a tentar isentar o outro e não implicar outras pessoas:

> Foi como uma grande competição para salvar a vida dos amigos. A cada interrogatório bem-sucedido, retornavam às celas, não raro com um laivo de satisfação.

Hans dividia a cela com outro preso político, Helmut Fietz. Segundo o depoimento de Fietz:

Provavelmente não queriam deixar Hans sozinho para evitar uma tentativa de fuga ou suicídio. [...] Quanto a isso, equivocaram-se redondamente. Hans, fugir! Isso significaria deixar seus amigos em apuros e entregá-los a um destino sombrio.

A preocupação em não delatar ninguém era patente, como Fietz confirma:

Uma vez, após um interrogatório que durou horas a fio, ele voltou à cela terrivelmente triste e abatido. Hans disse: «Agora talvez eu precise entregar alguém. Não sei mais como posso contornar esta situação». Esperou pelo próximo interrogatório com o coração apertado. Porém, depois de poucas horas, retornou descontraído e quase eufórico. «Correu tudo maravilhosamente bem, não conseguiram arrancar nenhum nome», disse, feliz. Era impressionante a sua capacidade de se manter alegre até mesmo naqueles dias.

Da mesma maneira Sophie manteve-se firme e serena ao longo desses dias. A única vez que manifestou ansiedade foi ao receber as acusações, por medo de que não correspondessem àquilo que ela tinha feito. A sua apreensão era natural uma vez que o investigador-chefe tentou dissuadi-la de assumir a responsabilidade junto com o irmão, na tentativa de salvar a sua vida.

Segundo o relato de Robert Mohr:

Quanto a Sophie Scholl, eu acreditava ter encontrado um caminho para salvar sua vida, ao menos. Convoquei-a para um interrogatório, creio que em 19 de fevereiro de 1943, unicamente com essa intenção.

SOPHIE SCHOLL, OU A CONSCIÊNCIA

Tentei, com todos os argumentos possíveis, convencer a senhorita Scholl a fazer uma declaração afirmando não compartilhar da ideologia de seu irmão. Muito pelo contrário: ela teria que depor que havia confiado plenamente no julgamento do seu irmão de estarem fazendo a coisa certa, sem ela estar ciente da gravidade desses atos. Sophie Scholl reconheceu imediatamente aonde eu queria chegar, mas se negou de forma categórica a prestar tal depoimento ou outro semelhante.

De acordo com Inge, Sophie somente

uma vez foi tomada por uma terrível agitação: no momento em que lhe entregaram a denúncia. Depois de ler o teor do documento, suspirou aliviada. «Graças a Deus», foi tudo o que disse.

Sophie não queria deixar o irmão sozinho naquela hora, não desejava entregar ninguém, e tinha consciência de estar sacrificando-se por uma causa que valia a pena.

Um pintor amigo dos irmãos, Scholl, Wilhelm Geyer, que passou uns dias com eles em Munique antes de serem presos, ouviu a Sophie dizer uma noite ao chegar ao seu ateliê:

«Muitas pessoas morrem por este regime, está na hora de alguém morrer contra ele». Eles sabiam que estavam sendo observados pela Gestapo e haviam pensado em fugir. Mas a preocupação com a família e com os amigos os impedia. Se tivessem que ser presos, que não fosse em segredo, mas sim de um modo que o mundo inteiro soubesse.

Após o primeiro interrogatório, na quinta-feira dia 22, o investigador-chefe pensou que os irmãos poderiam ser soltos, por falta de provas, no final da tarde e seguir de trem para Ulm, para visitar os pais, como eram seus planos. Entretanto, ao revistar o apartamento em que viviam e vasculhar nos seus pertences, a Gestapo encontrou documentos comprometedores, entre eles, várias centenas de selos e o rascunho manuscrito de um panfleto, com a letra de Christoph Probst, como descobririam mais tarde. Era uma versão preliminar do sétimo texto que pretendiam duplicar e distribuir. Começava assim:

Stalingrado! Duzentos mil irmãos alemães sacrificados pelo prestígio de um vigarista militar. Ocultaram dos soldados sacrificados as condições humanas de capitulação oferecidas pelos russos. Por esse assassinato em massa, o general Paulo foi condecorado com as folhas de carvalho. Em aviões, oficiais de alta patente salvaram-se da batalha de Stalingrado. Hitler proibiu os combatentes encurralados de recuarem em direção às tropas de retaguarda. Agora, o sangue de 200.000 soldados entregues à morte denuncia o assassino Hitler.

O texto continuava por vários parágrafos e concluía com as seguintes palavras:

Isso não deve, isso não pode ser assim! Hitler e seu regime precisam cair para que a Alemanha continue a viver. Decidam-se [...]. E quando tiverem decidido, então ajam.

Os documentos encontrados no apartamento mudaram completamente o curso das investigações. Probst

SOPHIE SCHOLL, OU A CONSCIÊNCIA

foi localizado, preso e também interrogado no Palácio Wittelsbach. Os primeiros folhetos chegaram à Gestapo no verão de 1942. As investigações conduzidas até aquele momento tinham concluído que os envelopes utilizados para divulgar os panfletos foram fabricados em Munique e que muitos dos selos foram comprados na agência 23 dos correios. Ao mesmo tempo o conteúdo dos panfletos presumia que os autores tinham uma formação acadêmica, porém não haviam encontrado ainda provas dos autores. O rascunho manuscrito provocou uma reviravolta no caso.

Com essa descoberta o investigador-chefe ficou mais surpreso do que a própria Sophie, que

> em todos os momentos foi a serenidade em pessoa. O que se passou depois nunca mais se repetiu nos meus 26 anos de carreira na polícia e na gendarmaria. Sophie não mediu esforços em tomar toda a culpa para si a fim de, com isso, isentar ou até mesmo salvar o irmão, a quem amava muito, por sinal. Não tenho dúvidas de que se Sophie Scholl tivesse podido, teria sacrificado sua jovem e promissora vida duas vezes para poupar seu irmão do desfecho trágico. Por outro lado, Hans Scholl demonstrou exatamente a mesma disposição. Nem preciso salientar o quanto o amor fraterno, que ficou evidente com essa disposição ao sacrifício, e a força de caráter impressionaram fortemente não só a mim, como também a todos os demais envolvidos no caso.

Se o julgamento posterior foi uma farsa, o interrogatório foi conduzido com respeito por Robert Mohr e seus colegas da Gestapo, que descobriram nos irmãos Scholl uma grandeza de alma e um valor incomuns:

Apesar de os oficiais atuantes no caso serem criminalistas experientes e com plena consciência do dever, é mais do que compreensível que as desafortunadas vítimas dessa tragédia desfrutassem da completa simpatia e consideração, quando não mesmo da estima de todos os envolvidos. Por tal motivo, o tratamento dispensado aos irmãos foi bastante bom e indulgente. Considerando a grandeza de espírito e de caráter dos interessados, cada um de nós gostaria muito de ter ajudado, se tivesse sido possível, em vez de nos limitarmos a pequenas gentilezas, como foi o caso. Naqueles dias, meu colega me disse algo como: «Em Hans Scholl vi uma inteligência que me era praticamente desconhecida até então. Lamento não poder fazer nada por ele, dadas as circunstâncias». Se não me falha a memória esse mesmo colega me falou em confiança que Hans tinha um perfil de «líder do povo» de que talvez fôssemos necessitar no futuro. Por fim, acrescentou ainda que era terrível que tais pessoas tivessem que morrer...

Os investigadores foram pressionados a apresentar com urgência os autos do inquérito e receberam ordens de uma dedicação exclusiva ao caso. Tudo devia estar pronto antes da chegada do procurador-geral do Reich, na tarde do domingo 21 de fevereiro de 1943. Acusadores e acusados não tiveram muito tempo de descanso, embora Inge comente que Sophie dormiu como uma criança nas suas últimas noites. Numa delas, ao deitar-se na cama,

SOPHIE SCHOLL, OU A CONSCIÊNCIA

murmurou reflexões sobre sua própria morte, em voz baixa e calma. «Um dia tão maravilhoso e ensolarado e eu preciso partir. Mas, hoje em dia, quantos outros não morrem no campo de batalha, quantas vidas jovens, cheias de esperanças... Pouco importa a minha morte se conseguirmos sacudir e abrir os olhos de milhares de pessoas com os nossos atos». É domingo; lá fora, inúmeras pessoas passam despreocupadas pelas grades, aproveitando os primeiros raios de sol.

Na última noite, do domingo para a segunda-feira teve um sonho que contou para sua companheira de cela, ainda sentada na cama:

Em um dia ensolarado, eu levava no colo uma criança num longo vestido branco para o batismo. O caminho para a igreja conduzia ao topo de uma montanha íngreme. Mas eu segurava a criança bem firme. De repente, diante de mim se abria uma fenda de geleira. Só tive tempo de colocar a criança em segurança do outro lado – então caí no precipício [...] A criança é a nossa ideia, que irá prevalecer apesar de todos os obstáculos. Tivemos o privilégio de sermos os precursores, mas antes temos que morrer por ela.

Ciente da gravidade da situação o investigador-chefe ofereceu aos irmãos a possibilidade de se despedirem por carta dos amigos e parentes, antes de terem de comparecer ao Tribunal. Escreveram breves cartas para os pais e a irmã Inge. Sophie também escreveu ao noivo:

Aquelas linhas continham calorosas palavras de agradecimento pelos gestos de apoio e amor recebidos, junto com a observação de que não poderiam ter agido de outra maneira. Em uma das cartas expressaram que os atos que estavam sendo condenados agora seriam absolvidos e justificados no futuro. Além disso, os escritos continham palavras de consolo e de desculpas pela dor que estavam infligindo aos seus entes queridos. Foram também o testemunho de uma fé profunda.

As cartas, infelizmente, nunca chegaram aos destinatários. O Escritório Central de Segurança do Reich ordenou que fossem arquivadas para que não pudessem ser utilizadas como armas contra o regime que condenavam. Na segunda-feira, dia 22 foram conduzidos ao julgamento perante o «Tribunal do Povo». Os pais, que foram avisados na quinta-feira, dia 18, chegaram de Ulm na própria segunda-feira, pois tinham sido alertados de que não adiantaria tentar ver os filhos no final de semana. Entraram na sala quando o julgamento já tinha começado. O pai quis manifestar-se em voz alta em favor dos filhos, mas o juiz pediu à força policial que ele e a esposa fossem retirados do recinto. Ficaram no corredor acompanhados por um estagiário do Tribunal, Leo Samberger, que procurou ajudá-los e consolá-los.

O julgamento não passou de uma ópera-bufa, ou melhor, trágica. Conforme resume o investigador Mohr:

> A inquirição das testemunhas não foi considerada necessária porque, como era de se esperar, os réus eram totalmente confessos. A audiência foi conduzida com todo o rigor pelo juiz presidente Freisler. O que mais me saltou aos olhos foi que os réus mal tiveram

SOPHIE SCHOLL, OU A CONSCIÊNCIA

direito à palavra ou, então, ouviam comentários mordazes após qualquer declaração dada.

Leo Samberg, na época estudante de direito e estagiário do tribunal conta que chegou ao tribunal às 10h30, quando o processo estava em pleno andamento, pois devia ter começado em torno de 9h00:

A sala estava lotada, e se notavam rostos tensos por toda parte. Tive a impressão de que a maioria estava pálida de medo. De um medo que se propagava a partir da mesa do juiz [...] O que me abalou foi que, embora eu não conhecesse pessoalmente os réus, seus rostos me eram familiares da sala de concertos de Munique, onde, naqueles anos em especial, muitas pessoas buscavam força e refúgio na música de Hayden, Mozart e Beethoven. Não fui o único que ficou profundamente impressionado com a postura dos réus. Ali estavam pessoas clara e inteiramente movidas por seus ideais. Suas respostas às perguntas muitas vezes ultrajantes do juiz presente, que durante toda a audiência assumiu o papel de promotor, foram calmas, claras e corajosas.

Quanto ao papel do juiz, promotor e advogado público, o resumo de Samberg é:

A ultrajante tendência geral do juiz Freisler era fazer os réus passarem por idiotas e criminosos, embora isso deva ter sido muito difícil diante da postura deles [...]. Depois desse interrogatório dos réus – o que por muito tempo foi motivo de vergonha para a Justiça, que até hoje carrega por isso uma mácula e um complexo –, depois dessa condução hipócrita e ofensiva da audiência, soaram as palavras do acusador, um procurador-geral do Reich que, como era de se esperar, exigiu a morte dos três revolucionários de forma objetiva e relativamente branda. As escassas palavras do defensor público não deixavam transparecer qualquer esforço verdadeiro de fazer o possível por aqueles a quem ele representava. O advogado de Hans Scholl até afirmou ser inconcebível que pessoas pudessem fazer coisas daquelas, e que deveriam se envergonhar de suas ações.

Durante o julgamento, Sophie, que em geral falou muito pouco, disse em determinado momento: «O que escrevemos e dissemos é o que, no fundo, muitas pessoas pensam, só que elas não têm coragem de dizer». Ao final foi dada a palavra aos três acusados. Sophie não disse nada, Christoph tentou interceder por sua vida por causa da sua mulher e filhos. Hans apoiou o amigo, mas foi interrompido pelo juiz que mandou que se calasse e não tivesse nada a acrescentar em seu favor.

De lá foram conduzidos para o presídio de execução Stadelheim, onde escreveram as cartas de despedida que nunca seriam entregues. Christoph solicitou falar com um sacerdote católico, para ser batizado. Em carta à mãe escreveu:

> Eu agradeço a você por ter me dado a vida. Pensando bem, minha vida inteira foi um caminho para Deus. Agora vou partir um pouco antes de vocês, para lhes preparar uma recepção magnífica...

SOPHIE SCHOLL, OU A CONSCIÊNCIA

Foi batizado e recebeu a Unção dos Enfermos.

Excepcionalmente, os pais de Hans e Sophie conseguiram uma autorização especial para ver os filhos. Não sabiam que a sentença seria executada pouco depois da visita. Primeiro encontraram Hans, que lhes disse: «Eu não tenho ódio, eu me libertei de tudo, tudo». O pai o abraçou e lhe disse: «Vocês vão entrar para a História, ainda existe uma justiça». Hans pediu que cumprimentassem os amigos e

quando, no final, mencionou o nome de uma menina, uma lágrima correu por seu rosto e ele se inclinou sobre a barreira para que ninguém a visse. Depois ele se foi, tão aprumado como havia chegado.

A seguir chegou Sophie:

Sorria como se tivesse visto o sol. De bom grado e alegre, pegou os doces que Hans havia recusado: «Oh! Sim, com prazer, eu ainda nem almocei». Era uma postura incomum de amor à vida até o fim, até o momento derradeiro. Ela também parecia um pouco mais magra, mas sua pele estava iluminada e fresca – o que impressionou a mãe como nunca –, e seus lábios estavam profundamente vermelhos e brilhantes. «Você nunca mais entrará pela porta», disse a mãe. «Ah, só por alguns aninhos, mãe», ela respondeu. Então, ela frisou também como Hans, firme e confiante: «Nós assumimos tudo, tudo», e acrescentou: «Isso causará grande repercussão». Naqueles dias, sua grande preocupação era pensar se a mãe suportaria perder os dois filhos ao mesmo tempo. Mas agora, vendo a mãe diante de si, tão valente, Sophie sentia-se aliviada. Mais uma vez a mãe disse: «Não se esqueça, Sophie: Jesus». Séria, firme e quase ordenando, Sophie retrucou: «Sim, mas você também». Então, ela se foi – livre, sem medo, serena. Com um sorriso no rosto.

O amigo, Christoph, não chegou a despedir-se de sua esposa, que estava cuidando do terceiro filho do casal.

Após receber a visita dos pais, Sophie chorou copiosamente, como conta o investigador Robert Mohr no seu último encontro com ela:

> Encontrei Sophie Scholl na cela das guardas femininas, para onde fora trazida após a visita de seus pais. Foi a primeira vez que a vi aos prantos desde nosso primeiro contato. Ela se desculpou pelas suas lágrimas e me explicou: «Eu acabo de me despedir dos meus pais, o senhor entende». Pode-se imaginar perfeitamente, conhecendo o contexto, como me senti nesse momento. Depois de algumas palavras de conforto, despedi-me de Sophie Scholl. A mim só resta repetir que tanto essa moça como seu irmão mantiveram uma postura que só pode se explicar pela força de caráter, por um amor fraterno intenso e uma rara e profunda fé. Pelo que me recordo do interrogatório, Sophie e também Hans Scholl haviam se debruçado sobre a filosofia da religião, paralelamente a seus estudos universitários. Tive inclusive a impressão de que trilhavam um caminho religioso próprio. Seja como for, é fato que possuíam uma fé profunda.

Robert Mohr também se encontrou com Hans no corredor, que veio até ele correndo para apertar-lhe a mão a agradecer-lhe que tivesse tratado tão bem a sua irmã. Tinha pedido aos pais que lhe transmitissem seu agradecimento, mas ficou feliz em poder fazê-lo pessoalmente.

Sophie e Hans tiveram oportunidade de serem atendidos pelo pastor dr. Karl Alt, capelão protestante do presídio de execução de Stadelheim. Conta o capelão ter sido chamado com urgência para atender os irmãos Scholl. O pastor estava preocupado em como ajudar Hans, mas as suas incertezas se dissiparam ao conversar com ele.

Após uma breve saudação e um forte aperto de mão, ele me pediu para ler dois trechos da Bíblia: a «suprema excelência do amor» de I Coríntios, capítulo 13 e o salmo 90: «Senhor Deus, tu tens sido o nosso refúgio, de geração em geração...». Depois o pastor perguntou a Hans se seu coração não estava cheio de ódio ou amargura contra os acusadores e juízes. A resposta foi firme e clara: «Não, o mal não deve ser pago com o mal e toda a amargura foi extinta».

A despedida de Sophie foi semelhante à do irmão Hans, conta o pastor, dr. Karl Alt:

> Sem derramar uma lágrima ela também celebrou a Santa Ceia até que o guarda bateu à porta e a conduziu para fora, no que ela enviou – de cabeça erguida e sem pestanejar – sua última saudação ao irmão profundamente amado, que a sucederia imediatamente.

Os últimos momentos dos três revelam tranquilidade e grandeza de alma, tal como relatam os carcereiros:

«Eles se comportaram de forma incrivelmente corajosa. A prisão inteira estava impressionada. Por isso, assumimos o risco de deixar os três se verem mais uma vez pouco antes da execução – se isso fosse descoberto, sofreríamos graves consequências. Queríamos que eles pudessem fumar mais um cigarro juntos. Foram apenas alguns minutos, mas acredito que isso significou muito para eles. «Eu não sabia que era tão fácil morrer», disse Christoph Probst. E depois: «em poucos minutos, nos veremos novamente na eternidade». Então, foram levados; primeiro, a moça. Ela foi sem hesitar. Nenhum de nós conseguia acreditar que isso fosse possível. O carrasco disse que nunca vira ninguém morrer assim». E Hans, antes de deitar a cabeça sobre o cepo, gritou tão alto que ecoou através da ampla prisão: «Viva a liberdade».

Outras prisões e julgamentos dos componentes da Rosa Branca se seguiram. O professor Kurt Huber, Willi Graf e Alexandre Schmorell foram julgados pouco depois e também condenados à morte. Outros participantes do movimento foram enviados à prisão. A imprensa oficial apenas dedicou escassas linhas a uma notícia com o título «Penas justas contra traidores de uma pátria lutadora», entretanto no mundo da informação clandestina:

A notícia sobre os eventos de Munique se propagou como um rastilho de pólvora até os *fronts* mais distantes na Rússia. Passou como uma onda de alívio por campos de concentração, prisões e guetos. Finalmente alguém havia dito de forma clara o que oprimia milhões de pessoas.

Outro testemunho de consciência: Clemens August von Galen, um bispo contra Hitler

Sophie e Hans Scholl tiveram uma excelente fonte de inspiração de resistência ao nazismo no bispo Clemens August von Galen[6]. Von Galen recebeu a consagração episcopal em 28 de outubro de 1933 e foi nomeado bispo de Münster por Pio XII. Foi o primeiro bispo escolhido durante o Terceiro Reich, após a concordata assinada com a Santa Sé em 20 de julho de 1933. Segundo o historiador Rudolf Morsey:

Galen surgiu em um tempo desumano como advogado de direitos divinos e da dignidade humana, e conjuntamente como defensor dos direitos civis de liberdade [...], convertendo-se em uma referência para homens de toda confissão e raça na luta contra a injustiça e a opressão. Ocupa um lugar insubstituível na consciência histórica de toda Alemanha.

Tal como Sophie Scholl, von Galen sempre defendeu a necessidade de agir de acordo com o juízo da consciência. No dia da festa de São Vítor do ano de 1936 (9 de setembro), von Galen lembrava que o soldado Vítor tinha sido morto por desobedecer à lei do imperador, seguindo

---

(6) Um relato minucioso da resistência de von Galen ao nazismo, com base em documentos, correspondências e testemunhos diretos pode ser encontrado na biografia de Stefania Falasca, *Un Obispo contra Hitler: el beato Von Galen y la resistencia al nazismo*, Palabra, Madri, 2008. A parte III do livro traz a sua correspondência com Pio XII. Os apêndices recolhem três importantes pregações do bispo denunciando o nazismo. O resumo apresentado a seguir sobre a atuação de von Galen baseia-se, a não ser que seja citada outra fonte, na biografia de Falasca.

os ditames da sua consciência e da lei de Deus. No sermão enfatizava von Galen:

> O cristianismo pede obediência a Deus, mas também aos homens [...], mas uma obediência que subjuga as almas, que atenta contra a consciência e o sacrário mais íntimo da liberdade humana, é a escravidão mais grosseira [...], é um ataque ao próprio Deus.

Von Galen, citando Sêneca a um ministro da justiça da Prússia, chamado von Münchausen, que contrariou Federico II, porque o rei queria mudar uma sentença com o que ele não concordava, declarou: «Minha cabeça está à disposição de Sua Majestade, não minha consciência». E concluiu com as seguintes palavras:

> São Vítor confessou com o seu sangue a verdade de que é preciso obedecer a Deus antes que aos homens. Minha cabeça, minha vida pertencem ao imperador, não minha consciência. E também assim queira Deus dar-nos discernimento e força heroica. Que nunca por egoísmo ou vil temor aos homens consintamos no pecado, manchando a consciência para ganhar ou conservar o favor dos mortais poderosos.

Desde 1936, o bispo de Münster esteve sob a vigilância da Gestapo, que abriu uma pasta acusando-o de fazer política com seus sermões, porém não foi preso, por causa do prestígio de que gozava frente ao povo.

No dia 12 de julho de 1941, sábado, a Gestapo ocupou uma casa dos jesuítas em Münster. Von Galen foi comunicado. Não era a primeira vez que a Gestapo deportava religiosos e confiscava ou ocupava bens das con-

SOPHIE SCHOLL, OU A CONSCIÊNCIA

fissões cristãs. Para lá foi o bispo, enfrentando os homens da Gestapo, a quem chamou «ladrões e malfeitores». Ao regressar ao palácio disse: «Já não posso calar mais». O capelão episcopal conta que:

A tarde daquele dia estava na mesa tão profundamente comovido que inclusive suspirava e dizia: «O que devemos fazer agora?» Apoiou os cotovelos sobre a mesa, segurou a cabeça entre as mãos e disse: «Amanhã pregarei em São Lamberto». Sentou-se diante da máquina de escrever... e permaneceu escrevendo até altas horas da noite.

No dia seguinte, domingo 13 de julho, von Galen denunciou abertamente a arbitrariedade da Gestapo e os desvarios do nazismo:

Nenhum de nós se encontra seguro, nem mesmo se, em consciência, fosse o cidadão mais honesto e mais fiel, de não ser um dia preso na sua própria casa, despojado da sua liberdade, encarcerado nas prisões e nos campos de concentração da polícia secreta do Estado. Não me iludo. Sou consciente de que hoje, ou outro dia, também pode acontecer comigo. E, como não poderei falar em público, quero fazê-lo agora, quero avisá-los para não seguirem esse caminho que, estou convicto, provocará um justo castigo de Deus sobre os homens e levará à ruína e à aniquilação nosso povo e nossa pátria [...]. Portanto, em nome do reto povo alemão, em nome da majestade da justiça e no interesse da paz [...] levanto a minha voz, e em voz alta, como alemão, como cidadão honesto, como representante da religião cristã, como bispo católico, grito: «Pedimos justiça».

O efeito do sermão foi fulminante. Muitas pessoas cumprimentaram efusivamente o bispo ao terminar a missa. Havia o temor de que a Gestapo interviesse, de que von Galen fosse preso ou morto pelas declarações. Ele sabia que sua cabeça estava a prêmio, porém tinha decidido alertar os fiéis sobre o caminho da verdade arriscando a própria vida. Todos queriam ter uma cópia da pregação, e um escritório da Caritas providenciou as cópias que foram recebidas pelo núncio de Berlim e todos os bispos.

No seguinte domingo, 20 de julho, na igreja de Nossa Senhora de Münster, chamada *Überwasserkirche*, que estava repleta, von Galen proferiu a segunda importante pregação convocando todos à resistência passiva, como a bigorna suporta os golpes do martelo. A Gestapo tentou escrever o que o bispo dizia, mas as pessoas não permitiram que transcrevessem o sermão. A pregação foi rapidamente difundida.

No último dos três famosos sermões, no dia 3 de agosto, na igreja de São Lamberto, de novo abarrotada, o bispo denunciou o programa de eutanásia organizado desde 1939 pelo estado nazista e denominado T4. O sermão foi reproduzido numa máquina duplicadora e distribuído nas casas. Um folheto anônimo foi entregue em um envelope marrom no apartamento dos Scholl, na praça da Catedral.

O programa T4 usava injeções letais e câmaras de gás para eliminar milhares de crianças e adultos deficientes

SOPHIE SCHOLL, OU A CONSCIÊNCIA

mentais. O panfleto acrescentava algumas considerações ao sermão de von Galen e solicitava que o receptor fizesse seis cópias para entregar a seus amigos. Pelo que conta McDonough na biografia de Sophie Scholl:

Hans Scholl parece ter ficado profundamente impressionado por este ato inteligente de oposição. «Finalmente», disse Hans a Inge Scholl, «um homem teve coragem de falar», e depois de ler o panfleto detalhadamente comentou: «Precisamos conseguir uma máquina duplicadora». O panfleto anônimo era uma cópia útil para um grupo de oposição não violenta influenciar a opinião e evitar ser detido pela Gestapo[7].

Àquela altura, Hans não imaginava que ele e a irmã Sophie perderiam a cabeça por causa da divulgação de folhetos contra o nazismo.

A força da pregação de von Galen foi considerada pelo ministro de propaganda Goebbels «o ataque mais forte desencadeado contra o nazismo em todos os anos da sua existência».

Com efeito, von Galen tinha exposto claramente a perversidade nazista na sua terceira homilia:

Agora são assassinados, barbaramente assassinados, inocentes indefesos [...]. Encontramo-nos diante de uma loucura homicida sem igual [...]. Com aqueles que entregam pessoas inocentes, que são nossos irmãos e irmãs, à morte, queremos evitar qualquer contato, queremos escapar de seu influxo para não fi-

_____
(7) *Sophie Scholl*, pág. 80.

carmos contaminados! Com pessoas como essas, com esses assassinos que pisam orgulhosos as nossas vidas, não pode haver comunidade de povo!

A repercussão foi enorme e a pregação de von Galen deu a volta ao mundo. Retransmitidas pela rádio Moscou, lançadas pela Royal Air Force sobre o céu de Berlim, divulgadas por protestantes, judeus, católicos, os sermões tornaram-se um ícone da resistência ao nazismo.

Por que von Galen, não foi preso ou morto? Sacerdotes e pessoas que foram pegas distribuindo os sermões foram condenadas à morte ou enviadas a campos de concentração. O caso do bispo de Münster foi objeto de exame cuidadoso por parte do Führer. Sua sentença foi selada, porém adiada para ser cumprida friamente, com a vitória final, o que felizmente nunca aconteceu.

O bispo von Galen foi considerado um traidor da própria pátria por Joseph Goebbels, que voou para o quartel geral do Führer no dia 18 agosto de 1941 para tratar do assunto. Numa reunião anterior com Martin Bormann, Líder Nacional do Partido, o braço direito de Hitler confirmou que a solução era acabar com a vida do bispo. Goebbels, entretanto, temia a reação do povo. Matá-lo seria torná-lo um mártir, perdendo a Westfalia e provocando a reação de indignação mundial e um choque aberto com a Igreja Católica. A decisão foi atrasar sua prisão e execução. Goebbels adiou a sentença. «Então, declarou Hitler em 4 de julho de 1942, chegará o momento de ele saldar as suas dívidas, "até o último centavo"».

Pela sua resistência ao nacional-socialismo, Clemens von Galen ficou conhecido como «o leão de Münster».

SOPHIE SCHOLL, OU A CONSCIÊNCIA

Após o final da Segunda Guerra Mundial, foi criado cardeal por Pio XII, em 18 de fevereiro de 1946. Poucos dias depois regressou a Münster onde foi recebido por uma multidão de fiéis, no dia 16 de março. Três dias depois ingressou no hospital e, como consequência de uma apendicite diagnosticada tarde demais, faleceu no dia 22 de março. Tinha cumprido a sua missão.

A consciência e a ação humana

Quando afirmamos que uma pessoa é um inconsciente queremos dizer que age sem pensar, que não tem consciência do que está fazendo. Nesse sentido os bebês e as crianças muito pequenas são inconscientes, não tem consciência, não sabem o que fazem. Por essa razão, não é possível atribuir-lhes responsabilidades, ou seja, não podem responder pelos seus atos, uma vez que não tem capacidade para decidir por si mesmas.

Da mesma maneira, comentamos que alguém é uma pessoa consciente porque sabe o que faz, porque pensa bem antes de tomar uma decisão, porque analisa cuidadosamente os prós e contras de uma determinada situação e responde pelos seus atos; ou seja, é uma pessoa responsável.

Um pequeno parêntese: na medida em que os filhos crescem e se tornam adolescentes é conveniente que os pais afastem o desejo de protegê-los excessivamente e aos poucos passem a atribuir-lhes algumas responsabilidades, para assim ajudá-los a administrar a própria liberdade e a responder pelos seus atos. Caso contrário, os adolescentes tornam-se eternas crianças, coladas às saias da mãe.

Retomando: quando dizemos que alguém é consciente costumamos dar a entender que a pessoa sabe o que está fazendo e que assume a responsabilidade pelos próprios atos. A palavra consciência, entretanto, é mais precisa e pode ser entendida em dois sentidos, como *hábito* e como *ato*. A sua etimologia está relacionada com o hábito da consciência. Em que sentido? Etimologicamente consciência vem do latim, *cum scientia*, com conhecimento, sabendo o que se está fazendo.

Ao longo da vida tomamos decisões, e essas decisões e suas consequências proporcionam a cada um de nós um saber, um conhecimento, que acaba transformando-se num hábito, o hábito da consciência. Como hábito da ciência moral, portanto, estamos acostumados a refletir sobre questões de índole ética, e, com o passar do tempo, adquirimos um hábito, uma ciência, que aplicamos às nossas ações. A reflexão da razão sobre seus próprios atos proporciona um saber moral, e a aplicação desse saber ao agir é a consciência moral.

O bem nos atrai. Da mesma maneira, repelimos e tendemos a fugir do mal. Essa dupla inclinação pode ser captada pela razão por meio da reflexão. Fazemos isso naturalmente, ou seja, a descoberta dos princípios que devem orientar a nossa conduta é um hábito natural. Tomás de Aquino chama esse hábito de hábito dos primeiros *princípios práticos* ou *sindérese*.

Entretanto, além do significado de consciência como hábito, o significado mais comum do termo consciência é como um ato, isto é, como um juízo moral sobre ações particulares planejadas, a realizar no momento presente ou já realizadas. Ou seja, a consciência é a aplicação dos

SOPHIE SCHOLL, OU A CONSCIÊNCIA

princípios descobertos como fruto da reflexão a situações concretas que exigem uma decisão ética.

Diante de uma situação concreta, como por exemplo a decisão de Sophie Scholl de confirmar que colaborou com seu irmão na difusão de folhetos denunciando o nazismo, a consciência aplica a ciência moral adquirida à circunstância particular, aplica a teoria (ciência moral) à prática, emite um juízo prudente sobre o que fazer.

A razão tem um papel na hora de descobrir o que é um bem, mas a consciência não é só razão: é também aplicação e decisão sobre um caso concreto e particular. Estabelecendo uma analogia com a vida empresarial, lembremos que as empresas costumam contratar assessores em diversas áreas, que procuram aconselhar os diretores na tomada de decisão. Entretanto, o assessor não assume a responsabilidade pelas ações da empresa. Os responsáveis são os executivos. Na reunião da diretoria, a consciência é um dos diretores, aquele que olha para o aspecto moral, ético da decisão. Nem sempre é o diretor que prevalece na ação. Por essa razão podem ser tomadas decisões não éticas, quando outros diretores, como a ambição, o desejo de poder, a cobiça, ou os sentimentos, pesam mais do que a ética. Depois de ações não éticas, vem o remorso, a sensação de não ter agido corretamente. O sentimento de culpa é indício de que a decisão não foi correta do ponto de vista moral, que é o mais importante.

É nesse sentido que todos experimentamos situações em que:

A consciência «incentiva», «permite», «ordena» ou «proíbe». E naquilo que diz respeito a uma ação já realizada, «elogia» ou «repreende». Este último é o caso dos «remorsos de consciência». O juízo da consciência pode examinar desta maneira um juízo de ação na reflexão, intervir sobre ele, deter a sua execução ou fazer que o assunto seja considerado à luz de princípios ou regras mais elevadas [...]. A consciência é, portanto, o modo em que a ciência moral se torna imediatamente prática[8].

Como a consciência elabora seus julgamentos seguindo a razão, precisa ser formada – como hábito – para que atue na decisão corretamente, como ato. Na formação ou educação da consciência, a reflexão, a leitura, o pedir conselhos desempenham um papel muito importante. É necessário interpretar a experiência pessoal e ir adquirindo convicções e princípios ordenados à ação.

Pode haver situações que tornam mais difícil o juízo da consciência. Sartre, por exemplo, conta no seu escrito *O existencialismo é um humanismo* que um dos seus alunos o procurou para aconselhar-se com ele. O aluno morava com a mãe, que vivia só para ele e estava separada do pai, e tinha um irmão mais velho que morrera na França durante um ataque alemão em 1940. Precisava escolher entre «partir para a Inglaterra e alistar-se nas Forças Armadas Livres, ou seja, abandonar a mãe, ou permanecer com a mãe e ajudá-la a viver»[9]. O jovem tinha dúvida

---

(8) Martin Rhonheimer, *La perspectiva de la moral: Fundamentos de la Ética Filosófica*, Rialp, Madri, 2000, págs. 315-316.

(9) Jean-Paul Sartre, *O existencialismo é um humanismo*, Abril Cultural, São Paulo, 1978, pág. 10.

sobre qual atitude tomar e Sartre conclui que não há uma resposta. Uma vez

> que os valores são vagos e que eles são sempre amplos demais para o caso preciso e concreto que consideramos, só nos resta confiar em nosso instinto. Foi o que o jovem tentou fazer; e, quando nos encontramos, ele dizia: no fundo o que conta é o sentimento[10].

Sartre reduz a consciência ao sentimento. Reduzir a ética ao sentimento é ficar vulnerável aos altos e baixos dos sentimentos. Como as ondas do mar, os sentimentos balançam e não são confiáveis para tomar decisões adequadas. De um lado, é a razão que deve prevalecer no juízo da consciência, mesmo levando em consideração os sentimentos. Por outro lado, o caso do aluno de Sartre mostra que às vezes é possível encontrar situações em que seja difícil tomar uma decisão. Isso, porém, não significa que as decisões éticas sejam aleatórias. É necessário analisar e interpretar os dados da experiência, refletir sobre o problema, pedir conselho. É nesse momento em que é mais necessária a virtude da prudência.

A consciência, entretanto, pode ser controlada. Tal como comenta Rhonheimer[11], uma pessoa pode desejar permanecer na ignorância, não querer informar-se e refletir sobre como proceder, ou pode não formar a consciência, ou ainda, justificar-se a respeito de algo que a consciência lhe recrimina. Nessa medida a pessoa é culpável e pode ser responsabilizada pelos seus atos.

---

(10) *Ibidem.*

(11) Cf. *La perspectiva de la moral*, pág. 316.

Em resumo, a consciência é algo pessoal, íntimo. Assim:

O último e mais profundo delito do homem é não seguir a sua consciência, e o maior atentado contra a dignidade é oprimir pela coação a liberdade da sua consciência e o agir correspondente. É a negação do homem, a sua autossupressão como sujeito de ação humano[12].

Quer isto dizer que uma pessoa que segue a sua consciência está sempre certa? É possível errar de boa vontade? Sim. A consciência pode errar, mesmo que a pessoa seja obrigada a seguir a sua consciência. Se essa ignorância não é culpa da pessoa, não poderá ser responsabilizada, porém se é culpa dela, a responsabilidade é da pessoa. Os criminosos que se justificam dizendo que agiram de acordo com a sua consciência têm culpa na medida em que deformaram a sua consciência. O seu passado condiciona o presente.

Assim como uma bússola perde o sentido de orientação na presença de um ímã, deixando de apontar o norte magnético, da mesma forma uma pessoa pode deformar a sua consciência a ponto de não mais distinguir o norte dos valores éticos. É preciso examinar os motivos que levaram a pessoa à perda do sentido de orientação. Pode haver erros anteriores que são responsabilidade da pessoa.

Um caso clássico, citado por diversos autores, é o de se um oficial nazista, responsável pela morte de milhares de seres humanos em um campo de concentração, pode não ser considerado culpado dos seus crimes por ter agido

---

(12) *Idem*, pág. 317.

SOPHIE SCHOLL, OU A CONSCIÊNCIA

seguindo a sua consciência. Seguir a consciência não é necessariamente agir bem.

A consciência deve estar orientada pela verdade:

> Separar a consciência dessa vinculação com a verdade implicaria em destruir a autonomia cognitiva do homem, isto é, significaria colocar em lugar de um sujeito de ação racional, outro que persiga como «bom» somente aquilo que lhe «pareça bom», sem preocupar-se de que essa aparência corresponda à verdade[13].

E como sair do erro? Rhonheimer começa a responder essa pergunta com um exemplo:

> Também o motorista que anda por uma autoestrada em sentido contrário pode perceber, apesar da sua firme convicção de que todos exceto ele dirigem na direção errada, que talvez é ele, e não todos os outros, quem está no erro.

E, apoiando-se em Tomás de Aquino, conclui que o caminho que torna a pessoa boa não é simplesmente «seguir a própria consciência», pois a consciência pode estar deformada, errada. É necessário que a pessoa saia do erro, que descubra o que é verdadeiramente bom, e para isso: «É preciso certamente a humildade de autoquestionar-se, de ouvir os outros, de formar a própria consciência»[14].

No mito da caverna de Platão, a ascensão do mundo das sombras ao mundo iluminado pela luz do sol é abandonar o conhecimento imperfeito das coisas, a caverna,

---

(13) *Idem*, pág. 318.
(14) *Idem*, pág. 316.

para conhecer a verdade e o bem. A consciência está chamada a descobrir e fazer o bem. Um bem que não é relativo nem determinado pela pessoa, mas descoberto, admirado e incorporado como luz e norte da ação humana.

Ben-Hur,
ou a teoria da ação humana

Três filmes conquistaram onze Oscars na história do prêmio outorgado pela Academia de Hollywood: *O Senhor dos Anéis: O retorno do rei* (2003), *Titanic* (1997) e *Ben-Hur* (1959), o primeiro. Uma das cenas mais famosas da história do cinema é a sua corrida de quadrigas no Circo Máximo, em que o protagonista enfrenta Messala, tribuno de Roma e grande favorito da competição. O filme foi baseado no romance de Lew Wallace, escritor, militar e diplomata americano, em 1880.

Judah Ben-Hur, nobre judeu que residia em Jerusalém com a mãe e a irmã, vê sua vida arruinada ao ser enviado como escravo às galés do império romano. Um acidente fortuito e involuntário com o novo Governador da Judeia, Valério, selou seu destino. O até então amigo Messala, oficial do exército romano, não só não lhe ofereceu uma mão amiga quando mais precisava, como o condenou nessa hora de provação.

Entretanto, uma batalha naval resgata Ben-Hur dos seus infortúnios. A galé em que Ben-Hur remava é destruída quando lutava contra piratas da Macedônia, e ele se salva agarrando-se a uma tábua dos destroços do navio. Um oficial romano que estava se afogando é içado por Ben-Hur do mar e colocado na tábua. Acalmada a tempestade, um navio romano resgata os náufragos do mar. Ben-Hur soube então que salvou a vida do cônsul Quintus Arrius, a quem foi atribuída a vitória contra os piratas, derrotados pelo resto da esquadra romana do cônsul. Como retribuição, o cônsul Quintus adota Ben--Hur como filho.

Ben-Hur é resgatado da escravidão pelo imperador Tibério, a pedido de Quintus Arrius, e torna-se um excelente auriga, mestre na arte das corridas de quadrigas. De volta à Judeia, sua terra natal, encontra um rico comerciante árabe que lhe propõe conduzir os seus belos cavalos árabes brancos na corrida que será disputada na Judeia. Ao saber que um dos competidores era Messala, Ben-Hur aceita o convite, desejando vingar-se daquele que lhe trouxe tantos infortúnios. Numa corrida eletrizante e desleal por parte de Messala, que usa uma quadriga com uma serra na ponta do eixo para destruir as rodas dos concorrentes, o tribuno romano é derrotado e arrastado pelos seus fogosos cavalos negros, sob o carro que lhe deveria trazer a vitória. Meio morto, é levado para a enfermaria, enquanto o vencedor Ben-Hur é aclamado e coroado pelo novo Governador da Judeia, Pôncio Pilatos.

A imagem da corrida de quadrigas pode ser útil para

BEN-HUR, OU A TEORIA DA AÇÃO HUMANA

estudar a teoria da ação humana. Quem primeiro formulou uma imagem semelhante foi Platão, no diálogo *Fedro ou da Beleza*. Segundo o fundador da Academia ateniense, dois cavalos, um ruim e um bom, são conduzidos pelo auriga, que deve dominar ambos para que o carro não se desequilibre e complete a corrida.

Para os filósofos gregos, a pessoa humana está composta de corpo (*soma*) e alma (*psique*). Comenta Platão:

Descobrir o que é a alma seria uma investigação em todos os sentidos e totalmente divina, porém dizer a que é semelhante pode ser objeto de uma pesquisa humana e mais breve[1].

A alma, seguindo a imagem do filósofo ateniense, é semelhante a

uma força natural que mantém unidos um carro e seu auriga, sustentados por asas. Os cavalos e aurigas dos deuses são todos bons e constituídos de bons elementos; os dos demais estão misturados. Em primeiro lugar, tratando-se de nós, o condutor guia um par de cavalos; dos cavalos, um é formoso, bom e constituído de elementos da mesma índole; o outro é constituído de elementos contrários e é ele mesmo contrário. Como consequência, em nós necessariamente acaba por duro e difícil dirigir[2].

A dificuldade que os homens, diferentemente dos deuses, têm para conduzir o carro é a má índole de um dos

---

(1) Platão, *Obras completas: Fedro*, Aguilar, Madri, pág. 864.
(2) *Idem*, pág. 865.

cavalos. A alma é imortal e incorruptível, afirma Platão. Como depois toma um corpo para formar o homem? Segundo o mito platônico, a alma perfeita voa nas alturas, porém a alma que perde as asas por não ver a verdade ou por esquecimento ou maldade arrasta-se

até apoderar-se de algo sólido onde se estabelece tomando um corpo terrestre que parece mover-se a si próprio por causa da força da alma, e este conjunto, alma e corpo unidos, chama-se ser vivo e tem o sobrenome de mortal[3].

Os carros dos deuses são bem equilibrados, dóceis e deslizam sem dificuldade. Já nos carros dos homens a situação é muito diferente devido à falta de entrosamento dos cavalos. Como explica Platão:

Dos dois cavalos, um é bom e o outro não. Em que consiste a virtude do bom e a maldade do ruim é algo que não explicamos e que devemos dizer agora. Pois bem: o que deles tem melhor condição é de figura reta e erguida, tem o pescoço alto, ligeiramente curvo, a cor branca e os olhos negros; é amante da glória com moderação e da opinião verdadeira e, sem necessidade de golpes, deixa-se conduzir por uma ordem simplesmente, ou por uma palavra. O outro, pelo contrário, é deforme, pesado, de pescoço robusto e curto, fronte curta, cor preta, olhos cinza, sanguíneo, companheiro do excesso e da soberba, de orelhas peludas, surdo e obedece a duras penas a um látego com espinhas[4].

---

(3) *Idem*, pág. 864.
(4) *Idem*, pág. 868.

Como se diferenciam, na alma humana, o auriga e os cavalos? A resposta a essa questão em Platão encontra-se noutro diálogo, *A República*. No livro nono desse diálogo Platão explica as três partes da alma:

> Uma parte, afirmamos, é aquela pela qual o homem aprende, a outra é aquela pela qual surge dentro dele a impetuosidade, e a terceira é aquela à qual, por ser multiforme, não pudemos referir-nos com um nome que fosse único e próprio dela, mas a denominamos pelo que ela tem de maior e mais forte e a chamamos de parte apetitiva por causa da veemência dos desejos relativos ao comer, ao beber e aos amores e todos os desejos que derivam daqueles; nós a dizemos também amiga do dinheiro, porque é mais com o dinheiro que tais desejos são satisfeitos.

As três partes da alma correspondem à *razão* – em grego *nous* –, a que também podemos chamar inteligência, pela qual o homem compreende as coisas, aprende e elabora juízos a respeito do bem e de como agir. A segunda, *impetuosidade*, é considerada aquela faculdade do homem que o leva a reagir diante de uma injustiça ou provocação ou a superar os obstáculos para alcançar um bem árduo, ou a resistir diante das contrariedades... A ira e o medo fazem parte dessa faculdade cujo nome grego é *timos*. Por último, o *apetite concupiscível*, explicado por Platão como desejos intensos relacionados com a comida, bebida, prazer sexual, etc. Seu nome grego é *epitimia*.

Esses dois cavalos são considerados paixões ou sentimentos da alma humana. Sentimento é diferente de sensação. A sensação é uma propriedade do corpo, que sente dor, calor, frio, etc. O sentimento corresponde não ao corpo, mas à alma. Sentimentos são o amor, o medo, a ira... Uma imagem ampliada desse mito platônico, acrescentando a vontade ao trio razão, impetuosidade e apetite concupiscível, pode ser útil para analisar a ação humana. Nas corridas de quadrigas estão presentes os elementos que ajudam na compreensão da ação humana. Os aurigas agem procurando um bem: a vitória sobre seus competidores. O auriga é quem dirige os cavalos. Por sua vez, os cavalos são os responsáveis por que o carro caminhe para frente e ultrapasse a linha de chegada em primeiro lugar. Primeiramente, a motivação da ação humana é a procura de um bem. A ação humana livre busca algo bom ao agir. Quando nos alimentamos, temos como motivação um bem, como a saúde do corpo e a recuperação das forças físicas. Ao praticar um esporte também procuramos um bem, assim como ao ler um bom livro, ajudar um amigo, etc.

Segundo Aristóteles, na sua *Ética a Nicômaco*:

> Toda a perícia e todo o processo de investigação, do mesmo modo todo o procedimento prático e toda a decisão, parecem lançar-se para um certo bem. É por isso que tem sido dito acertadamente que o bem é aquilo por que tudo anseia[5].

O papel da razão

E quem determina o que é o bem para a ação? A razão, isto é, a nossa inteligência, que pensa sobre o que é o bem

---

(5) Aristóteles, *Ética a Nicômaco*, Atlas, São Paulo, 2009, pág. 17.

para cada um de nós. Na comparação da ação com a corrida, o auriga é quem tem as rédeas nas mãos e comanda o conjunto, mas ele por si só, sem os cavalos, não consegue que o carro saia do lugar. O auriga pode ser comparado à razão humana, que pensa no objetivo a ser conquistado e, ao mesmo tempo, segura nas rédeas os cavalos que impulsionam o carro.

De acordo com Rhonheimer[6], o principal responsável por determinar onde está o bem que leva uma pessoa a agir é a razão:

> A razão é a medida do bem e do mal nas ações humanas e, por isso, implicitamente, é também o critério do justo e do injusto.

Contudo, o auriga, que deseja alcançar a vitória, pode não chegar à meta caso os cavalos não colaborem e não empurrem o carro para frente, ou o empurrem numa direção contrária ao seu objetivo. Assim como o auriga é representado pela razão, os cavalos, na teoria da ação humana, são a *vontade*, isto é, o querer alcançar a vitória, e as *paixões*, ou os sentimentos de ultrapassar a linha de chegada em primeiro lugar.

O relacionamento entre razão, vontade e paixões foi compreendido de muitas diversas maneiras pela filosofia. Citando tanto Aristóteles quanto Tomás de Aquino, Martin Rhonheimer propõe uma teoria do relacionamento entre eles no livro *A perspectiva da moral*, que será citado como referência para analisar a antropologia da ação humana.

---

(6) *La perspectiva de la moral*, pág. 155.

Para que Ben-Hur (razão) consiga a vitória (bem), os cavalos (vontade e paixões) têm que colaborar com ele, pois podem deitar tudo a perder caso não obedeçam ao auriga, como fazem alguns na corrida do filme. Ao mesmo tempo que a vontade e as paixões impulsionam o carro para frente, também podem desviar a razão de alcançar seu objetivo. Em termos filosóficos:

O que pode «atrapalhar» a razão, desviá-la do bem que é seu objeto e, portanto, provocar irracionalidade? Duas coisas: as paixões e a vontade [...] Mas o que são as paixões e como se relacionam com a razão e a vontade?[7]

O papel das paixões ou sentimentos

A pergunta seguinte é como os cavalos (paixões e vontade) se relacionam com o auriga (a razão). Os cavalos, vontade e paixões, não precisam do auriga para fazer o carro andar. São o motor do veículo, são faculdades tendenciais que apetecem algo de modo natural e, por isso, se movem.

Há uma cena de *Ben-Hur* que ilustra bem o relacionamento da razão com a vontade e as paixões. Após uma sessão de treino com os cavalos, os corcéis são levados ao estábulo para descansar e serem alimentados. Ben-Hur entra nas estrebarias e começa a acariciá-los e conversar com eles, dando-lhes conselhos para a corri-

---

(7) *Idem*, pág. 175.

BEN-HUR, OU A TEORIA DA AÇÃO HUMANA 75

da. Os cavalos, afeiçoados a Ben-Hur, parecem entender e demonstram ciúmes um do outro. Os quatro cavalos têm nomes de estrelas: Aldebaran, Altair, Antares e Rígel. A um deles aconselha que espere os outros e não queira correr sozinho, a outro que o importante é a última volta...

Como os cavalos, nossas paixões apetecem coisas. É função da vontade, e em última instância da razão, regular e ordenar esses desejos. Sem a direção do auriga (razão), o destino dos cavalos é o descontrole e o tombo do carro. É interessante notar que há uma expressão popular para indicar que fizemos algo seguindo apenas os instintos ou as paixões, e de que depois nos arrependemos: «perder a cabeça». Com ela, queremos dar a entender que não usamos a razão ao realizar a ação, deixamo-nos levar pelas paixões (como a ira e o medo) ou pela vontade, sem levar em conta a razão.

Como assinala Rhonheimer:

> No homem há, além disso, impulsos sensíveis ou potências tendenciais que estão diretamente relacionados com a corporeidade do homem, derivam dela e, à sua maneira, exercem influência sobre a razão e a vontade. O fenômeno produzido quando a razão e a vontade são afetadas por atos dessas faculdades apetitivas sensíveis denomina-se paixão. As paixões são, em si mesmas, forças motoras sensíveis – isto é, atos – que no entanto influenciam a razão e a vontade [...]. A antropologia clássica distingue duas faculdades responsáveis pelas tendências sensíveis ou das inclinações que produzem paixões, afetos, emoções ou

sentimentos: o apetite (o apetite concupiscível) e o brio (o apetite irascível)[8].

As paixões, assim como os cavalos, exercem um papel insubstituível para que o carro ande. As paixões não são más – desde que a vontade e a razão as orientem – e podem impelir o carro rumo ao bem, à vitória. Entretanto, se as paixões não obedecem ao auriga podem levar o carro ao desastre.

Como explica Rhonheimer:

As paixões possuem uma influência inteiramente positiva no agir moral, mais ainda, são imprescindíveis para agir virtuosamente. Quando integradas à ordem racional, corresponde-lhes uma função cognitiva e de agir consciente. Porém, separadas da razão, tornadas independentes, interferem na racionalidade e podem exercer sobre a vontade – que é uma tendência guiada pela razão e cujos atos, por sua própria natureza, consistem na inclinação àquilo que é bom para o homem – uma influência perturbadora[9].

O papel da vontade

Ben-Hur sabe que um dos cavalos é o mais veloz e, além do mais, é o líder. Por isso recomenda a ele calma, para que espere os outros. Esse cavalo que domina os ou-

---

(8) *Idem*, págs. 175-176.
(9) *Idem*, pág. 179.

BEN-HUR, OU A TEORIA DA AÇÃO HUMANA

tros é a vontade. É o elemento chave do agir humano. Sem o cavalo da vontade, o auriga não consegue colocar o carro em movimento.

Escreve Rhonheimer:

> A vontade é em certo modo a alma do agir humano; quando a vontade é boa, o agir também o é. A vontade domina o agir [...]. Mas quando e por que é boa a vontade? Aqui tudo depende da razão. É a razão aqui que «está no comando» aqui[10].

Ou seja: quem tem o dom de dizer o que é bom para a ação não é a vontade, mas o auriga. É o auriga quem sabe qual é o fim da corrida e porque correr é bom. É o auriga quem determina o que é bom para os cavalos e quem caracteriza a corrida como uma ação livre.

Nas palavras de Rhonheimer:

> Somente a razão pode ser a medida do bem e do mal nas ações humanas. Essa função da razão, que é uma função normativa em toda a extensão da palavra, coincide com a determinação do agir humano como agir livre, e neste preciso sentido, autônomo. «Liberdade», com efeito, não quer dizer outra coisa que possuir «domínio sobre as próprias tendências», isto é, ter a capacidade de dirigir-se ao bem atuando por impulso próprio. E este bem é sempre um «bem da razão», isto é, um bem tal e como é determinado pela razão[11].

---

(10) *Idem*, pág. 190.

(11) *Idem*, pág. 167.

Outro dos cavalos, Altair, pode não querer fazer o que Ben-Hur lhe recomenda. Pode querer ser independente do resto da equipe (o auriga e os outros cavalos) durante a corrida, fazendo da sua própria independência um fim em si mesmo, ou seja, pode querer fazer «a sua vontade». Em termos filosóficos:

Não podemos querer racionalmente algo diferente daquilo que a razão julga bom. Porém, é possível que, por outras causas, não queiramos o que a razão julga bom. Isto é: por outras causas a vontade pode não querer a única coisa que seria racional que quisesse. Assim, posso, por exemplo, saber que para curar-me (que é o que quero) tenho de submeter-me a uma determinada operação. Contudo, fico sabendo que a operação produzirá outras consequências de que tenho medo. Isso pode levar-me a deixar de querer a operação, por mais que não possa querer outra coisa em lugar da operação [...] Como se explica este fenômeno (de não querer a operação)? A vontade, cujo ato não é outra coisa que «amar», pode preferir a «mera liberdade de seu ato» à subordinação ao conhecido como bom, não em função de um juízo de razão, mas em virtude da sua espontaneidade. Esta preferência seria um ato de orgulho ou de soberba[12].

Um bom exemplo de ética em que a liberdade se identifica simplesmente com o orgulho é o «existencialismo humanista» de Sartre, de acordo com o qual «a liberdade não pode ter por meio de qualquer circunstância concreta outro fim que querer-se a si própria».

---

(12) *Idem*, págs. 184-185.

A vontade possui uma dupla liberdade. Em primeiro lugar a *liberdade de especificação*, que é idêntica à própria razão. Neste sentido, a vontade é livre na mesma medida em que a razão está «aberta a muitas coisas». Em segundo lugar, a vontade possui *liberdade de execução*, na medida em que seu próprio querer está em suas mãos. Para alcançar a vitória na arena são importantes tanto o auriga, o carro e os cavalos, como o entrosamento entre eles. Na corrida de quadrigas, Messala trata seus corcéis negros à base do chicote; Ben-Hur procura incentivar seus cavalos apenas com as rédeas. O entrosamento de Ben--Hur com suas «estrelas» está baseado na afeição, e não no chicote. Quando Ben-Hur visita os cavalos no estábulo, no dia anterior à corrida, torna-se evidente que o domínio sobre os cavalos não é despótico, como seria o poder de um ditador, mas político, a exemplo do governante em um sistema democrático. Essa ideia está presente em Aristóteles, na sua obra *Política,* quando afirma que «a alma exerce sobre o corpo um domínio senhorial, e a inteligência sobre o apetite um domínio político»[13].

Do ponto de vista ético, a intenção de Ben-Hur é reprovável, pois se trata de um desejo de vingança, de fazer justiça pelas próprias mãos. Pela ética de virtudes, uma ação é correta quando a intenção da ação e o objeto da ação são bons. No caso de Ben-Hur a intenção ou o fim da ação compromete a ação. Quem deve julgar a intenção da ação? A razão. Ben-Hur sabe que está agindo mal. Antes do início da corrida, Ben-Hur se retira a um canto, em silêncio, para orar, e se dirige a Deus com as

---

(13) Aristóteles, *Política*, Gredos, Madri, 1999, pág. 57.

seguintes palavras: «Perdão, Senhor, por desejar a vingança». Ele admite estar errado.

Ao mesmo tempo, e seguindo o exemplo da quadriga, o cavalo da vingança – a paixão da ira, do ódio por Messala, o desejo de vingança – contamina o cavalo da vontade, que deveria comandar os outros cavalos. Esse cavalo, o apetite irascível (desejo de vingança), não é controlado pela razão (o auriga) nem pela vontade. Como consequência comete uma ação eticamente reprovável. Platão, no diálogo *Críton, ou do Dever*, explica que não se deve devolver o mal com o mal e que é melhor sofrer uma injustiça do que cometê-la.

Na teoria da ação humana proposta, portanto, interagem tanto a razão quanto a vontade e os sentimentos ou paixões. A compreensão de como se relacionam é fundamental para entender a ação humana. Assim como a qualidade dos cavalos, do carro e do auriga contribuem para o sucesso do conjunto na corrida de quadrigas, da mesma maneira a educação dos sentimentos, da vontade e da inteligência são indispensáveis para a ação humana.

Gladiador,
ou as virtudes

No ano 2000, a uma distância de 41 anos de Ben--Hur, foi produzido outro filme épico, *O gladiador*, que recebeu cinco Oscars da Academia em 2001. O longa--metragem foi indicado à premiação em doze categorias. A história é uma ficção. Narra a vida de um general do Império Romano, Máximo Décimo Meridius. Após sair vitorioso de uma importante batalha na Germânia, o imperador Marco Aurélio, sentindo a morte próxima devido à idade e ao cansaço acumulado em décadas de guerras e intrigas políticas, chama o general para confiar-lhe uma difícil missão. Assim que o imperador morrer, Máximo deve assumir o comando interino do império e transferir o poder ao Senado de Roma, que assim voltará a ser uma República. O imperador não confia nas qualidades do ambicioso filho, Cômodo, para sucedê-lo. Na opinião do Imperador, o filho não é um «homem moral».

De início, Máximo rejeita interiormente o pedido do imperador, mas acaba aceitando o desafio. O imperador chama o filho Cômodo para comunicar-lhe sua decisão. Inconformado com a decisão do pai, Cômodo abraça a cabeça do pai contra seu próprio corpo, ajoelhado aos seus pés e, apertando-o com força contra si, asfixia o velho imperador, proclamando-se imperador e exigindo a submissão do general Máximo e de todo o exército, assim como dos senadores de Roma. Ao ver o corpo sem vida do imperador, Máximo percebe o assassinato e decide não prestar vassalagem a Cômodo. O novo imperador pede a outro general que execute o insubmisso, mas Máximo consegue matar os algozes e fugir. Este é o ponto de partida de uma aventura em que Máximo se tornará gladiador e retornará incógnito a Roma para combater no circo romano.

Marco Aurélio escolhe Máximo por seus valores como ser humano, pela sua excelência e suas qualidades pessoais, mostradas no campo de batalha e na fidelidade ao seu imperador. Essas qualidades não são teóricas, mas fruto de anos de dedicação e serviço ao império.

O diálogo entre o imperador e o filho é um claro exemplo daqueles valores que eram considerados sinal de excelência humana na Antiguidade clássica.

Marco Aurélio: Você está pronto para cumprir seu dever para com Roma?

Cômodo: Sim, pai.

Marco Aurélio: Você não será o imperador.

Cômodo: Que homem mais velho e mais sábio deve tomar meu lugar?

Marco Aurélio: Meus poderes passarão para Máximo, que responderá por eles até que o Senado esteja pronto para assumir uma vez mais. Roma será novamente uma república.

Cômodo: Máximo?

Marco Aurélio: Sim. Minha decisão o desaponta?

Cômodo: Você me escreveu uma vez, listando as quatro virtudes de um líder: sabedoria, justiça, fortaleza e temperança. Assim que li a lista, eu soube que não tinha nenhuma delas. Mas tenho outras virtudes, pai. Ambição. Pode ser uma virtude quando nos motiva a vencer. Desenvoltura. Coragem, talvez não no campo de batalha, mas... existem várias formas de coragem. Devoção, para com minha família e para com você. Mas nenhuma das minhas virtudes estava em sua lista. Parece até que você não me queria como seu filho.

Marco Aurélio: Cômodo, você exagera demais.

Cômodo: Eu busquei junto aos deuses... formas de te agradar, de te tornar orgulhoso. Uma palavra gentil, um abraço sincero... onde você me pressionaria contra seu peito. Seria como o Sol em meu coração por mil anos. O que há em mim que você odeia tanto?

Marco Aurélio: Cale-se, Cômodo.

Cômodo: Tudo o que eu sempre quis foi viver por você, César. Pai.

Marco Aurélio: Cômodo, seus defeitos como filho são minhas falhas como pai. Venha aqui.

Cômodo: Pai. Eu sacrificaria o mundo todo... se você somente me amasse!

Nesse momento Marco Aurélio é asfixiado pelo abraço do filho Cômodo.

As qualidades que tornam uma pessoa excelente, de acordo com o imperador, são: sabedoria (que na vertente da prática é conhecida como prudência), justiça, fortaleza e temperança. Cômodo afirma não possuir nenhuma delas, mas sim a ambição. Máximo, por sua vez, foi escolhido precisamente por causa dessas qualidades. O que torna uma pessoa excelente são suas qualidades, o desenvolvimento em grau elevado dessas características da pessoa humana. Essas qualidades humanas que tornam uma pessoa excelente foram chamadas na filosofia da Grécia clássica de virtudes.

O que é uma virtude? De acordo com Rhonheimer[1], no seu sentido mais geral a palavra virtude designa a perfeição de uma faculdade operativa. Essas faculdades são: a inteligência (teórica e prática), a vontade, a faculdade tendencial concupiscível (o apetite sensível) e a faculdade tendencial irascível (brio).

Tomando como exemplo a atitude mostrada na corrida de quadrigas do filme *Ben-Hur*, para o resultado final da disputa – isto é, para a vitória –, é muito importante tanto o entrosamento entre os cavalos como as qualidades individuais do auriga, do carro e dos cavalos. Aplicando o exemplo às pessoas, um homem ou uma mulher terá tanta mais excelência quanto melhores forem suas qualidades pessoais: prudência (auriga), justiça (cavalo), fortaleza (cavalo) e temperança (cavalo). As virtudes precisam agir harmonicamente entre si, pois

---

(1) *La perspectiva de la moral*, pág. 199.

GLADIADOR, OU AS VIRTUDES

formam um todo para a ação humana. A pessoa forma uma unidade, e as qualidades devem estar integradas na pessoa como um todo.

Assim como o desempenho de um cavalo na corrida pode ser aprimorada pelo treino, a virtude da justiça, estreitamente ligada à vontade, também pode ser aperfeiçoada pela prática. O mesmo se aplica ao cavalo da faculdade tendencial concupiscível (apetite sensível), que pode ser aperfeiçoado pelo autodomínio (temperança), e ao cavalo da faculdade tendencial irascível, aperfeiçoado pela fortaleza.

Em relação à inteligência podemos dividir as qualidades intelectuais (do entendimento ou razão) em inteligência teórica e inteligência prática. A inteligência teórica, por sua vez, pode ser compreendida como sabedoria (*sophia* em grego ou *sapientia* em latim) e ciência (*episteme* em grego, *scientia* em latim). Sabedoria é o conhecimento das últimas causas ou primeiros princípios das coisas, o que corresponde à definição de filosofia no sentido clássico. Ciência, de acordo com Aristóteles (nos Segundos Analíticos da sua obra *Organon*), é o conhecimento certo pelas causas.

No que diz respeito à ação, o que conta é a inteligência prática. A inteligência prática, por sua vez, pode ser compreendida como arte – capacidade de realizar algo (*tecné* em grego e *ars* na língua latina) – e como prudência (do grego *phronesis* ou *prudentia* do latim) – capacidade de agir de acordo com a reta razão diante de uma situação concreta em que é preciso decidir. Um sábio pode ter todo o conhecimento teórico de uma situação, porém não saber tomar a decisão certa no momento adequado, por não ter adquirido a virtude da prudência.

Um exemplo ajuda-nos a compreender a diferença entre sabedoria e prudência. Um médico recém-formado pode ter um grande conhecimento teórico da medicina, mas não saber como agir diante de um doente gravemente ferido. Já um médico prudente e experiente pode não ter a inteligência teórica tão atualizada quanto o recém-graduado, porém tem a experiência prática para tratar o doente.

Por essa razão um bom governante não precisa somente de conhecimento teórico, mas também a virtude da prudência para alcançar aquilo que se propõe. Na vida política excelentes deputados ou senadores, com muita experiência legislativa, podem não se revelar bons governantes em cargos executivos, não por falta de conhecimento teórico, mas por não terem experiência prática de governo.

Nesse sentido o auriga, que é a razão ou a inteligência prática, que quer completar a corrida na frente dos outros, aperfeiçoa-se pela virtude da prudência, ou seja, pela sua capacidade de decidir como conduzir o carro. Para esse resultado ajuda a experiência adquirida ao longo de muitas corridas. Entretanto, a importância da experiência não significa que a virtude da prudência seja exclusivamente prática. Caso contrário, todas as pessoas velhas seriam prudentes e as jovens imprudentes. A prudência é tomar as decisões corretas e não é só fruto da experiência. Há jovens prudentes e velhos imprudentes. Entretanto, num jovem prudente, a experiência ajuda a tomar decisões cada vez melhores e crescer na prudência. Por essa razão, as pessoas velhas costumam ser mais prudentes que os rapazes jovens.

Virtudes

O filme *Gladiador* é uma ficção ambientada no Império Romano, porém o conceito de virtude não foi desenvolvido em Roma, mas na Grécia clássica. Virtude é a qualidade humana que torna a pessoa excelente. O início da filosofia remonta ao século VI a.C., com os filósofos cosmológicos ou pré-socráticos. São considerados cosmológicos porque entre suas preocupações filosóficas destacava-se a procura do princípio que deu origem ao cosmos (universo). Tales de Mileto, por exemplo, considerado um dos primeiros filósofos, dizia que o primeiro princípio era a água. Outros, como Heráclito, diziam que era o fogo. Outros ainda que o ar, a terra ou os quatro elementos... São também chamados de pré-socráticos por serem anteriores a Sócrates (470-399 a.C.).

Com Sócrates a filosofia grega dá um giro vertiginoso e centra-se na pessoa humana. É por essa razão que o século V a.C., em que viveu Sócrates, é considerado o século do humanismo grego. Sócrates inicia uma revolução filosófica que terá continuidade com Platão e Aristóteles, já no século IV a.C.

Sócrates será um exemplo de virtude e também o filósofo que afirma que para o homem o mais importante é alcançar a virtude. Além dos diálogos de Platão, Xenofonte traçará um perfil da figura humana e intelectual de Sócrates na sua obra *Ditos e feitos memoráveis de Sócrates*.

Platão, fiel seguidor de Sócrates, recolhe o pensamento do mestre e o desenvolve com suas próprias ideias. No entanto, como Sócrates é o mais constante personagem dos seus diálogos e não deixou suas ideias escritas, hoje torna-se difícil separar as colheitas filosóficas de mestre das descobertas do discípulo. Por essa razão os estudiosos da filosofia clássica grega afirmam que os diálogos da juventude seguem mais de perto o ensinamento socrático e os da maturidade e velhice refletem o próprio pensamento de Platão.

Voltando ao filme, o ideal de excelência que o imperador Marco Aurélio quis imprimir sem sucesso no filho, baseado nas virtudes, está presente no diálogo *A República*, de Platão. Lemos no livro IV que uma cidade deve possuir fortaleza (valor), prudência, temperança e justiça, que é o tema central do diálogo. Quase no final do mesmo livro, Platão indaga, pela boca de Sócrates, que dialoga com Glauco: «Não será, pois, necessário que o indivíduo mostre ser prudente no mesmo grau e pela mesma razão que a cidade?»[2]

A resposta é afirmativa e se aplica também à virtude da fortaleza e da justiça, uma vez que a cidade é justa porque são justas as três classes de cidadãos que a compõem. Por último, com a temperança, as pessoas

governarão o apetite concupiscível (que ocupa a maior parte da alma em cada um e manifesta por natureza a sua ânsia de bens) e terão sumo cuidado de que, repleto até o máximo dos chamados prazeres do corpo, esse apetite não se torne forte a tal ponto que deixe de realizar as tarefas que lhe competem e trate

---

(2) *Obras completas: Fedro*, pág. 736.

GLADIADOR, OU AS VIRTUDES

de dobrar e governar aquilo que não lhe corresponde, alterando a vida de todos[3].

Ou seja, as virtudes da prudência, justiça, fortaleza e temperança, entre outras, são qualidades fundamentais para a excelência humana. Por essa razão é importante considerar em que consiste cada uma delas.

Assim como a quadriga forma uma unidade e não é apenas o conjunto das suas partes[4] (auriga, cavalos e carro), as virtudes formam uma unidade com a pessoa e estão interligadas. Como sublinha Rhonheimer:

> Nenhuma virtude moral pode ser perfeita enquanto não estejam presentes também todas as outras. As virtudes não são perfeições isoladas, umas das outras, mas formam um organismo vivo[5].

As virtudes somente existem encarnadas nas pessoas, e as pessoas são individuais.

Para a aquisição de virtudes é necessário o conhecimento do que é virtuoso, mas só isso não basta, uma vez que essas qualidades são adquiridas pela prática, pela repetição de atos de virtude. Ou seja, na aquisição da virtude, há uma reflexão, um juízo e um hábito, uma prática. Nesse sentido, Platão e Aristóteles diferem em relação ao processo de aquisição das virtudes, mesmo que coincidam na importância de adquirir essas qualidades. Começaremos por Platão.

---

(3) *Ibidem.*
(4) A própria etimologia da palavra nos remete a essa unidade. «Quadriga» tem a sua origem no latim: *quadri* (quatro) e *iungere* (juntos), ou seja, é um carro ou carruagem puxada por quatro cavalos e conduzida por um auriga.
(5) *La perspectiva de la moral*, pág. 229.

Conhecimento e virtude

No início do livro VII do diálogo *A República*, Platão narra o conhecido mito da caverna. O sentido geral do mito se refere ao valor da educação, isto é, o que a educação pode fazer por uma pessoa. A etimologia de educação é de *ex-ducere*, do latim. *Ducor* significa ser conduzido e o prefixo *ex-* significa para fora, ou seja, etimologicamente educação é «conduzir para fora», desenvolver as potencialidades que a pessoa tem. É um processo mediante o qual o educador conduz para fora as qualidades do educando. O escudo de São Paulo tem como lema *Non ducor, duco* («Não sou conduzido, conduzo»).

No mito da caverna a educação conduz para fora aquele que estava nas trevas, que somente via as sombras das coisas, para a luz do dia. O mito é conhecido, mas vale a pena relembrar, uma vez que ilustra a essência do pensamento platônico sobre a finalidade última da educação.

Platão descreve uma caverna subterrânea em que os homens estão amarrados pelas pernas e pelo pescoço, desde a infância, não podendo olhar para trás. Na parede, ao fundo da caverna, estão refletidas sombras de objetos projetadas por um fogo que arde, a uma certa distância, nas costas dos prisioneiros. As sombras que os homens veem refletidas na parede correspondem a objetos carregados por homens que passam ao longo de um muro da caverna, entre os homens e o fogo.

Os prisioneiros tomam as sombras pela realidade. Se um prisioneiro fosse libertado e saísse da caverna para a luz teria muita dificuldade em se adaptar ao exterior: o excesso de luz lhe ofuscaria a visão. Gradativamente ele

GLADIADOR, OU AS VIRTUDES   91

poderia ver o sol e depois compreenderia sua natureza; sendo, então, curado de sua ignorância.

Se por acaso esse prisioneiro voltasse à caverna, por piedade de seus antigos companheiros, e tentasse resgatá--los da sua alienação acerca da realidade, os que ficaram na caverna não acreditariam nas suas palavras e o considerariam louco; o desprezariam e tentariam matá-lo se pudessem.

O sentido do mito, na boca de Sócrates, por quem fala Platão é:

> Pois bem, meu querido Glauco, é preciso comparar o mundo que a vista nos descobre com a vida da prisão e a luz do fogo com a visão do sol. Você não se enganará se comparar a ascensão ao mundo superior e a contemplação das coisas que nele há com a ascensão da alma até a região do inteligível [...]. Este é meu pensamento. Só Deus sabe se é verdadeiro... No mundo inteligível a ideia do bem é a última a ser aprendida, mas é ela a causa de tudo o que de reto e belo existe em todas as coisas. No mundo visível, criou a luz e o sol; no inteligível, a verdade e o puro conhecimento[6].

De acordo com Platão a educação é o processo pelo qual saímos do mundo das sombras para o mundo da luz, do mundo sensível para o mundo do inteligível. É lá que é possível descobrir a verdade das coisas. A última e mais importante coisa é a ideia do bem. O bem é aquilo que devemos perseguir, e a excelência humana é dirigir-se para o bem.

---

(6) *Obras completas: Fedro*, págs. 779-780.

A aplicação da alegoria ao campo da educação significa que os filósofos (como o prisioneiro libertado) devem ascender à região do inteligível, descobrir e alcançar a verdade e o bem, e depois regressar do mundo inteligível ao mundo das coisas sensíveis, para junto dos que ficaram, para explicar-lhes o que descobriram lá fora. O filósofo (o educador) teria como dever trazer os homens das trevas para a luz, da ignorância para a sabedoria:

Não devemos considerar a educação como a descrevem alguns. Dizem que poderíamos proporcionar a ciência como se fosse o caso de dar luz a olhos cegos[7].

A arte da educação não produz a visão, mas dirige o órgão da visão para onde deve ser dirigida.

Na caverna, as imagens são confusas, mas a realidade existe. No mundo real também. É preciso saber olhar para o bem. O bem é algo objetivo, que deve ser olhado. Nem todos conseguem. Só é visto por aqueles que saem da caverna. Platão não concorda com o relativismo, segundo o qual não existe uma verdade exterior ao homem ou um bem independente do que pense o homem.

Do mito da caverna podemos concluir a importância da educação como processo para conhecer a verdade e o bem. O bem deve pautar a conduta da pessoa humana. A aquisição de virtudes exige o conhecimento do bem, em primeiro lugar, entretanto não basta saber o que é o bem para praticar o bem. Aristóteles – que conhecia bem o pensamento de Platão, com quem aprendeu durante duas

---

(7) *Idem*, pág. 780.

décadas – desenvolverá a sua própria filosofia na *Ética a Nicômaco*.

Aristóteles e a virtude

De acordo com Aristóteles, no livro II da *Ética a Nicômaco*, existem dois tipos de virtude, a dianoética e a ética. A primeira é fruto do ensino, enquanto que a virtude ética é resultado da prática, do costume. O termo virtude, como é entendido hoje, refere-se à virtude ética, ou seja, aquela que se origina pelo costume. Nas palavras do próprio filósofo:

É da mesma maneira, então, que adquirimos as excelências. Isto é, primeiramente pomo-las em prática. [...]. Por exemplo, os construtores de casas fazem-se construtores de casa construindo-as e os tocadores de cítara tornam-se tocadores de cítara, tocando-a. Do mesmo modo também nos tornamos justos praticando ações justas, temperados, agindo com temperança, e, finalmente, tornamo-nos corajosos realizando atos de coragem. [...] Por isso que as ações praticadas têm de restituir disposições constitutivas de uma mesma qualidade, quer dizer, as disposições do caráter fazem depender de si as diferenças existentes nas ações levadas à prática. Com efeito, não é uma diferença de somenos o habituarmo-nos logo desde novos a praticar ações deste ou daquele modo. Isso faz uma grande diferença. Melhor, faz toda a diferença[8].

---

(8) *Ética a Nicômaco*, págs. 41-42.

Para Aristóteles uma pessoa se torna virtuosa pela prática, embora reconheça o papel da razão na descoberta do que é a virtude. Como sublinha o discípulo de Platão:

> É por isso correto dizer-se que o justo se torna justo por realizar ações justas e o temperado se torna temperado por realizar ações temperadas. Assim, ninguém se tornará sério, se não realizar nenhuma dessas ações. Mas a maioria não pratica nenhuma dessas ações. Refugia-se na mera discussão teórica, pensando que perseguir abstratamente um saber filosófico é suficiente para ser sério. A maioria age, assim, de modo semelhante àqueles doentes que ouvem com muita atenção o que os médicos lhes dizem mas não fazem nada do que lhes foi prescrito. Por conseguinte, tal como nem estes cuidam, desta forma, bem do corpo, também aqueles não compreendem filosoficamente o ser da alma de modo conveniente[9].

A diferença entre mestre e discípulo está nesse sentido prático da virtude. Enquanto Platão não sublinha suficientemente o valor da prática, Aristóteles enfatiza o conteúdo prático da ação. Para analisar essa diferença vale a pena citar o diálogo *Mênon ou da Virtude* de Platão.

O diálogo se inicia pela seguinte indagação de *Mênon* a Sócrates:

> Você poderia dizer-me se a virtude se adquire mediante o ensino ou o exercício, ou então não é consequência de nenhum dos dois?[10]

---

(9) *Idem*, pág. 46.
(10) *Obras completas: Fedro*, pág. 438.

De início, Sócrates afirma que não somente não sabe se a virtude pode ser ensinada, como também não tem a mínima ideia do que a virtude possa ser.

Por isso, ambos procuram juntos o conceito de virtude e concordam na importância que tem a razão para descobrir o que seja virtude. Como não se adquirem as virtudes por natureza devem ser fruto do estudo, imagina Sócrates, com a concordância de Mênon. Entretanto, caso fosse uma ciência poderia ensinar-se e haveria mestres e discípulos, o que não acontece com a virtude. Do mesmo modo, se a virtude fosse ensinável, seria transmitida pelo ensino de pai para filho, mas isso não se aplica a Cleofanto, filho de Temístocles, que não teve as virtudes e qualidades do pai, assim como no caso de Tucídides e de tantos outros. Por essa razão, Sócrates conclui que virtude não se ensina e encerra o diálogo sem uma conclusão clara do que seja virtude. Também o diálogo *Protágoras* levanta a questão do porquê de homens excelentes terem filhos medíocres. Se a virtude pudesse ser ensinada, isso não aconteceria.

Em relação às diferenças entre Platão e Aristóteles quanto à aquisição da virtude, Rhonheimer vai além e afirma:

> Aristóteles desenvolve sua ética polemizando contra a doutrina da virtude da Academia platônica e afastando-se conscientemente da sua tese de que a virtude consiste no saber universal sobre o bem. A essa tese, Aristóteles opõe outra: o importante não é o saber universal sobre o bem, mas que o juízo da ação, que leva à escolha e está ele próprio vinculado afetiva-

mente, descubra o que é reto. E, para isso, é necessária a ordem dos afetos[11].

Ou seja, a virtude não é fruto da simples razão ou conhecimento do que é o bem, embora a razão tenha um papel importante. Tal como o autor enfatiza:

A ética, para Aristóteles, consiste na ordem estabelecida nos afetos conforme a razão, pelo que o hábito da escolha correta da ação inclui um hábito da razão prática, que por sua vez pressupõe a ordem dos afetos. Por isso é que *phronesis* é um saber infalível sobre o bem, e não porque estivesse ilustrada pela metafísica, mas pela conaturalidade afetiva com o bem, devido ao fato de que o que é verdadeiramente bom também *aparece* como bom aos olhos do agente[12].

A decisão de agir bem e a certeza de estar agindo bem, de acordo com Aristóteles, não procedem do conhecimento teórico do bem, mas da afetividade, isto é, do reconhecimento afetivo do bem e da sua identificação com ele pela razão prática. À luz que a inteligência tem ao sair da caverna e descobrir o bem é preciso acrescentar a afetividade dirigida a essa verdade.

Tal como comenta Rohnheimer, Aristóteles não questiona a tese platônica de que a virtude é um saber sobre o bem, mas sim que essa descoberta seja automaticamente origem do bem. Aristóteles

não precisou abandonar um conceito decisivo: a virtude moral implica conhecimento e é uma forma

---

(11) *La perspectiva de la moral*, pág. 224.

(12) *Idem*, pág. 225.

de verdade, que, entretanto – e assim *corrige* Aristóteles – somente se torna prática quando a afetividade está orientada de acordo com a verdade. «Conhecimento prático», aqui, não quer dizer somente o conhecimento que leva ao *agir* efetivo, mas também aquela forma específica de conhecimento que somente se torna possível pela integração dos afetos na esfera da razão: um conhecimento que se dá no *concreto,* e bom no concreto, no *particular.* *Em si próprio,* o conhecimento racional é de natureza universal. Entretanto, as ações (o bom na prática, aqui e agora) são sempre atos particulares, realizado em situações concretas[13].

Ou seja, há um conhecimento prático do bem que só é possível pelos afetos sensíveis integrados na razão. Assim, por exemplo, um cínico, para quem os afetos não estão integrados na razão, é incapaz de descobrir o bem na prática, mesmo que o reconheça na teoria. O mesmo se aplica a um hipócrita ou alguém que deixou que seus afetos se corrompessem pela prática do mal.

As qualidades da pessoa humana, as virtudes, são perfeições das faculdades que possibilitam alguém a fazer o bem. Assim a prudência é a perfeição da razão, a justiça da vontade, e a fortaleza e a temperança das paixões ou apetites concupiscível e irascível. A pessoa torna-se excelente pelas qualidades para fazer o bem, mas o que é o bem? Essa questão merece um capítulo especial para ser debatida.

---

(13) *Idem,* pág. 208.

Schindler,
ou o bem

A lista de Schindler recebeu sete estatuetas do Oscar em 1993. Baseia-se no romance *Schindler's Ark*, de Thomas Keneally. Pelo romance, o autor recebeu o Booker Prize em 1982. Keneally se inspirou nas memórias de Leopold Pfefferberg, um professor de Cracóvia que se alistou no exército polonês para combater a invasão alemã e terminou preso no campo de concentração de Plaszow. Após obter uma licença para visitar seus soldados feridos, entrou em contato com o empresário Oskar Schindler, através da mãe. Schindler ofereceu-lhe um emprego na sua fábrica e assim Leopold pôde sobreviver ao Holocausto durante a ocupação da Polônia pela Alemanha nazista. Mais de mil empregados judeus que trabalhavam na fábrica foram salvos dos campos de concentração graças a Oskar Schindler.

A história de Schindler tornou-se bem conhecida após ter sido levada ao cinema pelo diretor de cinema Steven Spielberg. Quase no final do filme, e com independência de que represente um fato real, há uma cena emocionante sobre a questão do bem que cada um pode realizar na sua vida. Após os empregados da fábrica serem libertados pelo exército nazista, que controlava as instalações da fábrica de munições, os judeus decidem prestar uma homenagem ao patrão, antes da partida de Schindler e da esposa. Oferecem-lhe um anel de ouro com a seguinte inscrição do Talmude: «Aquele que salva uma vida, salva o mundo inteiro». Schindler começa então a chorar desconsoladamente ao pensar quantas outras vidas poderia ter salvo, caso se tivesse desprendido de outros bens materiais e vendido seu carro, seu broche de ouro de filiação ao partido nazista... O contador e gerente da fábrica, Itzhak Stern, que ajudou Schindler a contratar os judeus que trabalhavam com ele, tenta consolá-lo, assim como outros judeus próximos a ele.

É nos momentos em que o mal toma conta da história humana e grandes injustiças assolam a humanidade que o bem também se manifesta também heroicamente. Em momentos de genocídio – como o Holocausto, os totalitarismos de esquerda ou de direita, o stalinismo ou o maoísmo – a brutalidade do mal faz florescer pessoas que, desafiando-o, reagem heroicamente praticando o bem. Esse bem contrasta com o mal e brilha com força na face da terra.

Schindler salvou mais de mil pessoas, mas sentia não ter salvo mais. O bem é assim. Mesmo fazendo muito bem podemos perguntar-nos se não poderíamos ter feito mais. Em primeiro lugar é necessário reconhecer – racional e afetivamente – o bem, ter consciência do que é o bem. A ação virtuosa é a prática do bem. Não é teoria, mas a teoria é importante. No mito da caverna o mais importante é a descoberta da verdade e do bem. Entretanto, como comenta Aristóteles, para praticar o bem não é suficiente saber. Há um saber prático – o bem agora, neste momento concreto – que é fruto do afeto pelo bem, em

SCHINDLER, OU O BEM

que entra em jogo não somente a razão, mas também a parte sensível da pessoa humana.

Essa cena também sublinha a questão dos vários tipos de bens e da ordenação dos bens. Um carro é um bem e uma vida humana é também um bem. A questão é que ambos os bens podem ser concorrentes. Como então ordenar os bens hierarquicamente?

Aristóteles também analisa a questão dos bens e da felicidade na sua obra *Ética a Nicômaco*. De acordo com Aristóteles há três classes de bens: os bens do corpo, os bens exteriores e os bens da alma. Todos são bens, porém o filósofo considera que tanto os bens exteriores como os do corpo devem estar ordenados ao bem da alma. Os bens mais importantes são os bens da alma, e a felicidade está em viver de acordo com a virtude.

Se em geral as pessoas concordam que viver bem e agir bem é o mesmo que ser feliz, discordam, entretanto, a respeito do que seja a felicidade. Nas próprias palavras de Aristóteles:

> Uns acreditam que é alguma das coisas tangíveis e manifestas como o prazer, a riqueza e as honrarias, outros, outra coisa [...]. Não sem razão parece que os homens entendem o bem e a felicidade partindo dos diversos gêneros de vida. Assim o vulgo e os mais grosseiros identificam o bem com o prazer e, por isso, amam a vida voluptuosa. Os principais modos de vida, com efeito, são três: a vida a que acabamos de citar, a vida política e, em terceiro lugar, a vida contemplativa[14].

---

(14) *Ética a Nicômaco*, págs. 135-136.

Segundo Aristóteles, a felicidade não se encontra na vida de prazeres e de gozos nem na vida política, que acredita que os bens são as honras, mas na vida contemplativa e intelectual. Os bens exteriores são necessários, pois «é impossível ou não é fácil fazer o bem quando não se contam com recursos»[15]. Entretanto se a felicidade precisa de certa prosperidade:

Daí surge a dificuldade de se a felicidade é algo que pode adquirir-se pelo estudo ou pelo costume ou por qualquer outro exercício, ou se vem por algum destino divino ou por sorte. [...] A resposta é evidente a partir da definição: pois dissemos que [a felicidade] é uma certa atividade da alma de acordo com a virtude. Com relação aos demais bens, uns são necessários, outros são – por natureza – auxiliares e úteis como instrumentos[16].

Quando falam da ação humana, os filósofos costumam tratar antes de mais nada da questão do bem. A explicação é que a ação humana é intencional e livre, procura um fim, e o fim da ação humana, na opinião de filósofos como Aristóteles, é a procura de um bem. Na *Ética a Nicômaco* lemos que o bem é aquilo a que todas as coisas tendem. Há filósofos, entretanto, que não concordam com essa ideia.

As pessoas tendem àquilo que «parece» bom, mas quando algo é *verdadeiramente* bom? As pessoas têm opiniões diferentes sobre o que é bom para si e para os outros. Como então podemos afirmar que algo é bom em si, independente da opinião pessoal sobre o que é

---

(15) *Idem*, pág. 148.
(16) *Idem*, págs. 149-150.

bom? O bem seria assim um conceito subjetivo, relativo, que dependeria de cada pessoa.

No parecer de Rhonheimer, o elemento decisivo para iluminar a questão consiste em esclarecer

sob quais condições essa «aparência» ou juízo dá com a verdade e «o que parece bom» é também «verdadeiramente bom». Isso somente acontecerá quando o próprio tender (afetos e querer) encontrar o que é verdadeiramente bom[17].

E citando Aristóteles, Rohnheimer conclui que é o homem virtuoso quem descobre o que é verdadeiramente bom: «O bom julga bem todas as coisas, e em todas elas se lhe mostra a verdade». Em outras palavras, a virtude, a excelência humana é a condição para descobrir e fazer o que é bom. Nesse sentido, a excelência e a descoberta do bem constituem um círculo virtuoso, assim como a prática do mal e o convencimento de que o mal não é algo ruim constituem um círculo vicioso. Quebrar esses círculos torna-se mais difícil quanto mais se aprofunda neles, mas há uma saída.

Assim como o choque das experiências vitais podem orientar-nos para o mal, também podem orientar-nos em direção ao bem. É no fundo do coração que esse debate tem lugar, no mais íntimo da personalidade humana. É um debate silencioso que só o interessado conhece.

Esta perspectiva bate de frente com o relativismo, que afirma que o bem é relativo, subjetivo, que depende da avaliação individual de cada pessoa. A vida vai moldando

---

(17) *La perspectiva de la moral*, pág. 44.

cada pessoa. Na medida em que seus afetos e sua vontade se afastam da vida virtuosa, a pessoa se torna incapaz de reconhecer o bem por trás das suas atitudes e das ações dos outros, podendo até chegar a ficar cega para o bem. É assim que se explicam as atrocidades de líderes totalitários de todas as épocas e de genocidas consumados no mal, incapazes de perceber a maldade das suas ações. Essa perspectiva também ajuda a compreender a capacidade humana de apegar-se ao mal mesmo em pequena escala.

Perfume de mulher

Um exemplo da virtude, ou da sua ausência, enraizada nos afetos e na vontade humana emerge com força no filme *Perfume de mulher* (1992), do diretor Martin Brest, estrelando Al Pacino e Chris O'Donnell. Al Pacino – ganhador do Oscar de melhor ator por esse papel em 1993 – representa o coronel Frank Slade, herói aposentado do exército americano, enquanto Chris O'Donnell é Charlie, jovem estudante do Baird, um excelente colégio de alunos de famílias endinheiradas e em que ele estuda com bolsa por méritos próprios.

Desiludido da vida e sem mais vontade de viver, o Coronel Slade decide suicidar-se em grande estilo: na suíte presidencial do Waldorf Astoria, em Nova York, após ter frequentado bons restaurantes, dirigido uma Ferrari (apesar de ser cego) e se «despedido» da família, que consiste num irmão casado, a cunhada e os sobrinhos. O problema é que precisa de alguém para guiá-lo pelas ruas de Manhattan antes do desenlace final.

Para acompanhá-lo na viagem de New Hampshire

a Nova York e nos deslocamentos pela cidade, contrata Charlie. Como o aluno é bolsista, precisa fazer trabalhos extras para sustentar-se. Seu pai abandonou a esposa e o filho. A mãe casou-se novamente. Charlie cresceu com a mãe e o padrasto. Vivem de uma pequena loja numa cidade de Oregon e não têm recursos suficientes para sustentar os estudos do filho.

Charlie encontra-se numa situação delicada. Dias atrás presenciou uma cena insólita ao sair da biblioteca. No fim do dia viu que três colegas da escola preparavam uma armadilha ao diretor do Baird. No dia seguinte um balão de tinta desabou sobre o flamejante carro do diretor, quando este chegou ao estacionamento.

O diretor soube que Charlie tinha visto a cena da preparação da armadilha e o pressiona para delatar os colegas. O jovem resiste às intimidações do diretor, mas está em jogo sua recomendação para cursar com bolsa uma excelente universidade americana.

Já no Waldorf Astoria, em Nova York, Charlie acorda no dia seguinte com um barulho no quarto do coronel. Ao abrir a porta descobre que ele está montando e desmontando uma pistola automática. Ameaça ir embora ao saber que o coronel pretende suicidar-se. As razões do coronel é que não serve para mais nada, que ninguém quer se sentar com ele à mesa e que apenas está desperdiçando as provisões «da tribo» humana. O coronel pede apenas mais um dia de companhia. Para aceitar, Charlie exige a arma, mas o coronel argumenta que um militar não entrega a arma a ninguém. Então Charlie tem uma ideia e pede que ao menos lhe entregue as balas. O coronel concorda e lhe atira o pente.

Inicia-se então um diálogo entre eles, que começa com o coronel Slade:

Coronel: Por que você se preocupa?

Charlie: Com o quê?

Coronel: Se estouro meus miolos ou não?

Charlie: Porque tenho consciência.

Coronel: Você tem consciência? Eu tinha esquecido. A consciência de Charlie... Conto a eles ou não conto a eles? Sigo o código dos rapazes ricos ou não? Deixo este cego idiota que estoure seu cérebro ou não? Consciência, Charlie. Quando você nasceu? Na época dos cavaleiros da Távola Redonda? Você não ouviu? A consciência morreu!

Charlie: Não, não tinha ouvido.

Coronel: Então tire a cera dos ouvidos. Cresça!

O diálogo deixa ver que o coronel Slade deixou há muito tempo de questionar-se sobre princípios e de ouvir a voz da consciência. Afirma que é só uma questão de crescimento e amadurecimento pessoal. A consciência só existe para quem é jovem e não passou por experiências difíceis e traumáticas na vida. A sua vida foi moldando a sua consciência até perder completamente o sentido de orientação ético da vida. Os afetos e o querer formataram de tal forma a conduta do coronel que se convenceu de que é impossível reconhecer o bem que pode existir na vida dos outros e no mundo que lhe rodeia. A consciência não passa de um ideal medieval de cavaleiros andantes...

O choque com a inocência e integridade de Charlie,

entretanto, obriga-lhe a repensar a sua vida. Após passearem juntos por Nova York e fazerem um *test-drive* com uma Ferrari vermelha conversível, o coronel retorna cansado ao hotel, com dor de cabeça e pede a Charlie que lhe compre aspirinas e um charuto cubano numa tabacaria da Quinta Avenida. No lobby do hotel, Charlie percebe que o coronel quis livrar-se dele e volta apressado para o quarto. Encontra o coronel vestindo a sua farda militar, com todos seus distintivos e condecorações. Na cômoda à sua frente vê-se, sobre uma flanela branca, a pistola 45 automática.

O coronel enganou Charlie e não lhe entregou todas as balas. Charlie pede que lhe entregue a arma e o coronel aponta para ele dizendo que também vai matá-lo, pois de qualquer maneira seu futuro também acabou. Ao solicitar novamente a arma, o coronel se irrita e Charlie acaba pedindo desculpas.

O coronel diz: «Você parte meu coração, filho. A minha vida inteira enfrentei tudo e todos, porque assim me sentia importante. Você faz por seus princípios. Tem integridade, Charlie. Não sei se atiro em você ou adoto você».

Segue-se uma discussão em que o coronel diz que ele é mau, ou melhor, podre. Charlie pretende ajudá-lo dizendo que apenas está angustiado, mas o coronel decide continuar adiante com o plano de suicidar-se, aproxima a arma da cabeça e inicia a contagem regressiva... Antes de terminar Charlie segura o braço do coronel e começa uma luta corporal que termina com o coronel encostando Charlie na parede com a arma apontada para a cabeça do jovem.

Na acalorada discussão que se segue, o coronel pede ao jovem uma razão para não meter uma bala na cabeça. «Você dança tango como ninguém!», argumenta Charlie. O coronel carece de um sentido para continuar a viver. Após acalmar-se, acaba reconhecendo que o que ele quer mesmo é encontrar e conviver com uma mulher que lhe faça companhia de verdade. Charlie lhe diz que pode encontrar alguém e eles decidem voltar para New Hampshire.

No trajeto de volta, no carro, conversam sobre como Charlie enfrentará o comitê de disciplina da escola, convocado pelo diretor para decidir seu futuro como estudante. O coronel Slade decide intervir como representante legal de Charlie, uma vez que este não se dá bem com seu pai verdadeiro. Diante de uma plateia formada pelo comitê de disciplina, pelos professores e alunos do colégio, o coronel faz um discurso inflamado defendendo a integridade do seu «afilhado» e convence o comitê a não o punir, em função da sua integridade e lealdade para com os colegas que não tiveram a coragem de reconhecer e assumir a sua falta.

O coronel Slade admite que, embora não tenha orientado sua vida pelos princípios e pela integridade que enxerga em Charlie, é ele quem está certo. O relacionamento com Charlie quebra o círculo vicioso dos afetos e da vontade em que não há lugar para a consciência. De uma atitude cínica e irônica com relação à consciência como fonte de referência para a ação ética, o coronel passa à defesa da virtude, da honestidade e da integridade.

O bem e o mal, entretanto, têm suas gradações e matizes. Na vida de qualquer pessoa as decisões heroicas ou situações limites não são tão comuns, mas podem acontecer e, de fato, ao longo da vida todos sentimos essas chamadas de atenção por parte de amigos, parentes, su-

SCHINDLER, OU O BEM

cessos ou fracassos, imprevistos, desgraças familiares... É nessas circunstâncias que nos tornamos conscientes de um modo vital da grandeza e miséria da vida humana.

Um homem bom: Aristides Sousa Mendes[18]

O nazismo inspirou momentos degradantes e heroicos para o ser humano. Além de Schindler e de Sophie Scholl, outras pessoas foram provadas na têmpera da dificuldade e saíram vitoriosas na realização do bem, apesar das dúvidas e desafios que enfrentaram. Entre os muitos exemplos a serem citados, Aristides de Sousa Mendes foi uma dessas pessoas.

Aristides de Sousa Mendes, assim como Sophie Scholl e von Galen, também precisou tomar uma decisão que mudaria sua vida em face da ameaça nazista durante a Segunda Guerra Mundial. Diplomata português, Sousa Mendes foi nomeado cônsul-geral em Bordeaux, após servir seu país em diversos países, inclusive no Brasil.

Os três dias que se seguiram ao dia 14 de junho de 1940 selaram o destino da França e o futuro da carreira diplomática de Sousa Mendes. No dia 14 de junho, as tropas alemãs entraram em Paris. A cidade de Bordeaux começou a fervilhar com refugiados de diversos países europeus e tornou-se sede do governo que resistia ao avanço nazista. A cidade, que habitualmente tinha uma população de

_____

(18) O resumo e as citações sobre a atuação de Souza Mendes em Bordeaux foram extraídos do livro de Rui Afonso, *Um homem bom*, Casa da Palavra, Rio de Janeiro, 2011.

300.000 habitantes, passou a abrigar 700.000 pessoas. Os hotéis estavam abarrotados. Sousa Mendes recebeu muitos refugiados na própria sede do consulado português. No consulado uma multidão de pessoas fazia fila para falar com o cônsul-geral. Todos queriam fugir, e o pânico se espalhava à medida que as tropas alemãs avançavam no território francês. Os pedidos de autorização de vistos de Sousa Mendes às autoridades portuguesas em Lisboa eram negados. No dia 14 de junho, um «colapso físico e nervoso» fez com que ficasse doente, de cama, pelos próximos três dias.

No campo político, esses três dias também foram decisivos para a França. O governo francês estava dividido sobre a atitude que deveria tomar. O primeiro ministro Reynaud desejava continuar a guerra e tinha o apoio de um terço do governo, entre eles do general De Gaulle. O comandante-chefe francês, Weygaud opinava que «a única maneira de evitar a desintegração do exército e a anarquia social era o fim imediato das hostilidades». Do lado dele estavam o general Pétain, que contava 84 anos, e dois ministros do governo.

Um acordo com a Inglaterra impedia Reynaud de estabelecer um tratado de paz sem o consentimento britânico. Churchill não concordava com essa possibilidade. Nessa situação extrema, Weynaud pediu ajuda a Roosevelt.

No dia 14 de junho o governo francês, com a queda de Paris, transferiu-se para Bordeaux. Nesse mesmo dia:

> A circular 23 foi para todos os postos diplomáticos da França proibindo emissão de vistos a refugiados que não tivessem passagem paga para outro país bem como visto para esse país.

SCHINDLER, OU O BEM 111

De Gaulle se encontra com o primeiro ministro Reynaud e lhe recomenda que o governo parta para Argel. No dia 15 de junho, Reynaud incumbe o almirante-chefe Darlan de fazer os preparativos. Diante da resistência do comandante-chefe Weygand, e sem o apoio de vários dos ministros, Reynaud pede demissão ao presidente Lebrun, que aceita o pedido de renúncia. Fica aberto o caminho para um armistício com a Alemanha, mesmo sem o apoio da Inglaterra.

Em face dessa situação extrema, Sousa Mendes, que viveu uma agonia para descobrir que atitude tomar em função da complexidade da questão, decide que «daria vistos a todos os que necessitassem e pedissem. Não faria perguntas nem práticas discriminatórias». A esposa, Angelina, «concordou em que ele devia seguir a sua consciência e passar os vistos».

Decidida a questão, Sousa Mendes se atirou a um trabalho exaustivo de conceder vistos a todos os refugiados que se apresentassem no consulado. Calcula-se que emitiu 30.000 vistos e que 10.000 pessoas chegaram a Portugal como resultado da sua audácia.

Ao descobrir as atividades do cônsul, o presidente Salazar o depôs do cargo e ordenou que regressasse imediatamente a Portugal. Ao chegar, abriu um processo contra ele. Como resultado, Sousa Mendes foi condenado à aposentadoria compulsória e seus rendimentos foram reduzidos à metade. Morreu pobre e perseguido pelo regime de Salazar em 1954. Somente muitos anos após a sua morte é que o seu valor foi reconhecido.

Desde 1966 seu nome figura no Memorial do Holocausto em Jerusalém (Yad Vashem) como «justo entre as nações». Em 1987, foi condecorado em Portugal com a

Ordem da Liberdade e reabilitado, e em 1998 recebeu postumamente a Cruz do Mérito pela sua atuação em Bordeaux. Sousa Mendes agiu seguindo sua consciência, o que lhe custou o cargo, destruiu sua carreira, acabou com suas economias, mas nunca se arrependeu de ter feito o bem, mesmo a um custo tão alto.

Na história encontramos inúmeros exemplos de pessoas que fizeram o bem, mesmo a um alto preço, com frequência ao custo da própria vida. Também conhecemos um ingente número de exemplos de personalidades que fizeram muito mal à humanidade. Entretanto as pessoas não são intrinsecamente boas ou más. A pessoa humana não está predeterminada a fazer só o bem ou só o mal. Com o uso da liberdade, vai predispondo-se ao bem e ao mal ao longo da vida.

A vida não é um filme de faroeste à moda antiga, em que o bem e o mal estavam perfeitamente definidos e no fim sempre triunfava o mocinho. Não é possível que uma pessoa boa só faça ações louváveis e uma má somente ações condenáveis. A vida mistura bem e mal em cada pessoa. Uma tendência acaba predominando e vai configurando a pessoa à medida em que se aproxima o fim da sua existência. O escritor italiano Italo Calvino escreveu um romance ilustrando essa parábola da vida.

O visconde partido ao meio: Italo Calvino

O próprio autor explica a razão de ser da narrativa:

> Quando comecei a escrever *O visconde partido ao meio*, queria sobretudo escrever uma história divertida

SCHINDLER, OU O BEM

para divertir a mim mesmo, e possivelmente para divertir os outros; tinha essa imagem de um homem cortado em dois e pensei que o tema do homem cortado em dois, do homem partido ao meio fosse um tema significativo, tivesse um significado contemporâneo[19].

A história é simples. Durante a guerra com os turcos, o visconde Medardo di Terralba cavalga pelas planícies da Boêmia acompanhado do seu escudeiro Curzio, rumo ao acampamento dos cristãos, onde é recebido pelo imperador, que logo o nomeia tenente.

Às dez da manhã do dia seguinte, o lugar-tenente Medardo enfrenta os inimigos de espada em punho, galopando planície afora. Ao lutar com o inimigo, um soldado turco rasga o ventre do seu cavalo e perde a cavalgadura. O visconde não se intimida e continua lutando a pé. Aproxima-se de dois artilheiros turcos que giram o canhão em direção ao lugar-tenente e atiram nele com tão boa pontaria que Medardo di Terralba salta pelos ares dividido a meio. À noite duas carroças recolhem os mortos e feridos. Medardo é resgatado ferido e levado ao hospital. Mutilado, apenas uma metade do visconde se salvou: um olho, uma orelha, meio nariz... Os médicos costuram daqui e dali e no dia seguinte Medardo abriu o único olho e respirou: «A dura fibra dos Terralba resistira. Agora estava vivo e partido ao meio»[20].

De regresso a Terralba, a novidade logo se espalha pela cidade e todos se reúnem para receber o visconde partido

---

(19) Italo Calvino, *O visconde partido ao meio*, Companhia das Letras, São Paulo, 1990, pág. 5.

(20) *Idem*, pág. 21.

ao meio. O pai Aiolfo e a ama Sebastiana recebem Medardo no castelo da família. Quando o visconde sai do castelo é fácil seguir a sua pista. Lá por onde ele passa vai dividindo tudo ao meio: peras, rãs, cogumelos... A velha ama conclui logo que só voltou a metade malvada de Medardo. O visconde apaixona-se por Pamela, uma pequena pastora que cuida de cabras. Pamela, porém, não corresponde ao amor de Medardo e se esconde nos bosques para fugir dele.

A história continua e um bom dia parece que o visconde se torna sumamente bom, ajudando as pessoas que encontra no seu caminho e preocupando-se em fazer o bem de todos... Crianças perdidas no bosque são conduzidas a suas casas pelo visconde, que lhes oferece figos e bolinhos fritos... Surgem assim notícias da dupla natureza de Medardo. Pamela também fica intrigada com os acessos de bondade do visconde até que descobre que o visconde bom é, na verdade, a outra metade de Medardo. Acontece que, ao fim da batalha em que Medardo foi partido ao meio, após a carroça recolher a metade malvada do visconde, uns eremitas encontraram a outra metade, cuidaram dela e muito tempo depois a metade boa também voltou a Terralba, fazendo o bem a todos.

O bom Medardo confessa a Pamela:

Isso é o bom de ser partido ao meio: entender de cada pessoa e coisa no mundo a tristeza que cada um e cada uma sente pela própria incompletude. Eu era inteiro e não me entendia e me movia surdo e incomunicável entre as dores e feridas disseminadas por todos os lados, lá onde, inteiro, alguém ousa acreditar menos. Não só eu, Pamela, sou um ser dividido e desarraigado, mas você também, e todos. Mas, agora, tenho uma fra-

SCHINDLER, OU O BEM

ternidade que antes, inteiro, não conhecia: aquela com todas as mutilações e as faltas do mundo. Se vier comigo, Pamela, vai aprender a sofrer com os males de cada um e a tratar dos seus tratando dos deles[21].

Assim como a metade má, também a metade boa se apaixona por Pamela, sendo correspondida por ela. Todos na cidade ficam sabendo da história das duas metades do visconde. A mãe de Pamela deseja que a filha se case com o Visconde Bom, ao passo que o pai quer que case com o Visconde Mesquinho, para que se torne viscondessa. Pamela então diz para o pai que aceitar casar-se com o Mesquinho e à mãe que prepare o casamento com o Bom.

Ambos os noivos, as duas metades, são convocados para o casamento. O Mesquinho cai do cavalo quando se dirigia à Igreja e, quando chega na porta do templo, com a roupa rasgada, observa que o padre já casou Pamela com o Bom. Não aceitando o fato, saca a espada e desafia o Bom para um duelo no dia seguinte. Aceito o desafio, as duas metades enfrentam-se ao amanhecer. Ambos se ferem com a espada e o sangue dos dois corre abundante pelas feridas que um dia correspondiam a um único visconde. O doutor Trelawney exulta de alegria e grita: «Está salvo! Está salvo! Agora deixem comigo». O doutor começa uma cirurgia que une as feridas das duas metades, combinando todas as vísceras e artérias, unindo novamente as duas metades do Visconde.

Após vários dias entre a vida e a morte, Medardo abre os olhos. O doutor afirma que está curado e Pamela ex-

_____
(21) *Idem*, pág. 73.

clama que finalmente terá um marido com todos os seus atributos.

O sobrinho de Medardo, que relata a história do tio, conclui:

> Assim, meu tio Medardo voltou a ser um homem inteiro, nem bom nem mau, uma mistura de maldade e de bondade, isto é, aparentemente igual ao que era antes de se partir ao meio. Mas tinha a experiência de uma e de outra metade refundidas, por isso devia ser bem sábio. Viveu feliz, teve muitos filhos e fez um bom governo. Nossa vida também mudou para melhor. Talvez se esperasse que, uma vez inteiro o visconde, se abrisse um período de felicidade maravilhosa; mas é claro que não basta um visconde completo para que o mundo inteiro se torne completo[22].

Como em um espelho todos estamos refletidos de alguma maneira nas duas metades do visconde, capazes de fazer o bem e o mal. Ao longo da vida, ambas as metades convivem. As melhores pessoas são aquelas em que a metade boa predomina nas ações. A excelência humana dessas pessoas é fruto das virtudes, isto é, das qualidades que lhes dão uma força especial para praticar o bem. Contudo, ninguém está predestinado para o bem ou para o mal.

O conhecimento do que é bom é fundamental para a prática do bem. Esse conhecimento, por sua vez, é influenciado pelo afeto e a vontade para realizar o bem.

---

(22) *Idem*, pág. 99.

Utilitarismo,
ou o prazer

A peça de teatro *A visita da velha senhora* consagrou mundialmente o dramaturgo suíço Friedrich Dürrenmatt. Em pouco tempo a comédia trágica que estreou em Zurique, em 1956, alcançou os principais palcos do mundo inteiro, inclusive no Brasil, onde foi encenada em 1962. A peça discorre em Gullen, uma imaginária e pequena cidade da Europa Central. Gullen, que em tempos passados viveu dias de glória e esplendor, palco de grandes eventos e sede de importantes fábricas e indústrias, tornou-se uma cidade arruinada, decadente e esquecida.

A crise econômica fechou suas fábricas e a miséria tomou conta da cidade. Um único e velho veículo, do médico local, circula pelas suas ruas. Os habitantes temem pelo seu futuro e o destino de todos é incerto. Nem mesmo todos os trens que passam pela cidade se dignam parar na sua estação ferroviária. Apenas alguma pequena composição sem importância se detém em Gullen.

Nesse cenário desolador, um raio de luz desponta no horizonte. A cidade ainda pode recuperar seu antigo esplendor. Uma antiga cidadã de Gullen está retornando à cidade, após 45 anos de ausência. A arquimilionária Clara Zahanassian chega em um trem expresso. A composição é obrigada a deter-se em Gullen para que a ilustre dama desça. Clara representa a última esperança para os míseros habitantes da cidade. Tempos depois de deixar a cidade, quando contava 17 anos, Clara casou-se com um milionário, dono de uma grande companhia de petróleo, de quem herdou a fortuna.

O prefeito, o professor, o policial, o antigo namorado de Clara e as demais forças vivas se reúnem para dar as boas-vindas à mais ilustre cidadã de Gullen. Calorosamente recebida por todos, Clara manifesta um grande contentamento em retornar à terra natal, após tantas décadas de ausência. Ao desembarcar deseja rever os lugares que marcaram sua infância e juventude. Ao final do percurso, os seus acompanhantes se reúnem no hotel que hospedará Clara durante sua estadia em Gullen, *O apóstolo de ouro*.

O prefeito recebe a ilustre cidadã com um discurso emocionado e altamente elogioso das qualidades e virtudes de Clara:

> Minha senhora, meus caros concidadãos, a delicada semente de tão feliz disposição germinou vigorosa, a travessa garota de cachinhos ruivos tornou-se uma grande dama, que cumulou o mundo de benefícios[1].

---

(1) Friedrich Dürrenmatt, *A visita da velha senhora*, Abril Cultural, São Paulo, 1976, pág. 52.

UTILITARISMO, OU O PRAZER

Ao agradecer as bondosas palavras do prefeito, Clara afirma não ter sido a menina boazinha descrita no discurso, mas, com o objetivo de contribuir para a alegria geral disse:

Declaro desde já que estou pronta para doar a Gullen a quantia de um bilhão. Quinhentos milhões para a cidade e quinhentos milhões para serem distribuídos entre todas as suas famílias[2].

Ela coloca apenas uma condição para efetivar a generosa doação: que seja reparada a injustiça de que foi vítima aos 17 anos, em 1910, quando foi obrigada a abandonar a cidade. Clara entrou com um processo de paternidade contra o antigo namorado, Alfredo Schill. Duas falsas testemunhas contratadas por Schill assumiram a paternidade mediante pagamento de um litro de aguardente, e Clara foi exposta à execração pública e expulsa de Gullen durante a gravidez. A criança nasceu meses depois e morreu quando contava um ano de idade. Clara tornou-se uma mulher da vida, até ser resgatada do fundo do poço mediante o casamento com um bem-sucedido empresário da indústria do petróleo.

A condição para Gullen receber um bilhão é que alguém mate Alfredo Schill, responsável por ela ter sido obrigada a abandonar a cidade. Clara está tão convencida de que conseguirá comprar a morte do antigo namorado que já trouxe junto com sua bagagem um caixão funerário para ele, pois deseja enterrá-lo na sua propriedade de Capri, de frente para o belíssimo mar azul do Mediterrâneo.

---

(2) *Idem*, pág. 53.

O prefeito recusa a oferta, indignado:

Nós ainda estamos na Europa, ainda não nos tornamos pagãos. Em nome da cidade de Gullen, recuso a sua oferta. Em nome da humanidade. Preferimos continuar pobres a nos manchar de sangue[3].

A vida continua. Os cidadãos começam a contrair dívidas para comprar um carro, para comprar roupa e sapatos novos, para reformar as casas. Schill observa o clima de euforia e alegria que toma conta da cidade e começa a ficar preocupado. A própria família, mulher e filhos, participa da alegria geral. O filho compra um carro, a mulher um casaco de peles, a filha um vestido de noite... Schill é aconselhado a fugir da cidade e decide colocar o conselho em prática, porém, quando se dirige à estação de trem para embarcar, uma multidão se reúne em torno dele, circundando-o, até que o trem parte sem ele.

Schill já está perfeitamente ciente do seu destino e conversa com o prefeito:

Vi toda a vila contraindo dívidas, senti a morte rastejar mais perto de mim a cada novo indício de bem--estar...

Agora venci o meu medo. Foi duro, mas consegui. Não se pode voltar atrás. Vocês todos terão de ser os meus juízes. Submeto-me à sua sentença, qualquer que seja. Para mim, ela será a voz da justiça; não sei o que será para vocês. Deus queira que possam responder por ela diante da sua consciência. Podem me

---

(3) *Idem*, pág. 60.

UTILITARISMO, OU O PRAZER

matar, não me queixo, não protesto, não me defendo, mas não posso aliviá-los do seu ato[4].

Finalmente o prefeito convoca Schill para uma assembleia dos munícipes de Gullen. O prefeito abre a sessão informando que a ordem do dia tem um único item, a doação da senhora Clara Zahanassian. O prefeito pergunta a Schill se está disposto a aceitar a decisão sobre a aceitação ou recusa da doação de Clara Zahanassian. A resposta é afirmativa e o prefeito procede à votação, pedindo aos presentes que levantem o braço caso considerem que a doação deve ser aceita. Todos, com exceção de Schill, levantam o braço.

Os habitantes reunidos em assembleia aceitam a doação, «não pelo dinheiro, mas pela justiça, por um imperativo de consciência». As luzes então são apagadas e os gullenses fazem duas alas, que se fecham em torno a Schill. Quando os munícipes se afastam e as luzes se acendem Schill jaz no chão. O médico, ajoelhado ao seu lado, informa a todos da causa da sua morte: colapso cardíaco. O prefeito explica: «Morreu de alegria». O jornalista presente e todos os cidadãos concordam com o prefeito. Clara é informada e entrega um cheque ao prefeito. Cai o pano.

A morte de Schill pode ser interpretada de modo diverso de acordo com os princípios de diversas correntes éticas. Se consideramos que a sociedade é quem tem o poder de dizer o que é certo e errado, a morte de Schill foi correta, pois todos na cidade concordaram em aceitar a

(4) *Idem*, pág. 140.

doação de Clara. O positivismo jurídico e ético não veria inconveniente em sacrificar Schill.

Outra corrente ética postula o princípio «da maior felicidade para o maior número». Esta corrente é conhecida como Utilitarismo. De acordo com ela, um grande número de pessoas, com exceção de Schill, se beneficiou com a doação da velha senhora.

O utilitarismo surge na Inglaterra com Jeremy Bentham e um grupo de intelectuais amigos. O grupo deseja transformar a sociedade com base numa nova filosofia social. Para isso se reúnem, escrevem e inclusive fundam uma nova universidade sustentada nos princípios utilitaristas.

Um dos seguidores e divulgadores do utilitarismo no século XIX foi John Stuart Mill, filho de James Mill, amigo de Bentham. John Stuart Mill escreveu um pequeno livro em 1863, denominado *Utilitarismo*, em que desenvolve o seu pensamento e resume as principais ideias dessa corrente de pensamento.

Desejar mais felicidade para mais pessoas é algo altamente recomendável. Afinal de contas, quem não deseja ser feliz? Por outro lado, quantas mais pessoas partilhem de um estado de felicidade, melhor. Desde os primeiros filósofos gregos até os dias atuais a felicidade é uma meta a ser alcançada tanto em nível pessoal como social.

A questão, porém, é definir em que consiste a felicidade? Para o utilitarismo, a felicidade se encontra no prazer e na ausência de dor. Como escreve John Stuart Mill:

> O prazer e a ausência da dor são as únicas coisas desejáveis como fins, e todas as outras coisas são ape-

UTILITARISMO, OU O PRAZER

nas desejáveis ou pelo prazer inerente a elas ou como meios para prevenir a dor[5].

Na tentativa de livrar-se da crítica de ser uma filosofia egoísta, que persegue o interesse próprio, a própria felicidade, Stuart Mill argumenta: «O critério do utilitarista não é a maior felicidade do próprio agente, mas a maior quantidade de felicidade geral»[6]. Contudo, como a felicidade geral nada mais é do que a soma das felicidades individuais dos agentes, o seu utilitarismo não deixa de estar ancorado no individualismo.

Em última análise tudo se resume ao binômio prazer e dor:

> De acordo com o princípio da maior felicidade, o fim último por razão do qual são desejáveis todas as outras coisas é uma existência isenta da dor e pródiga em gozos, no maior grau possível, tanto quantitativa quanto qualitativamente[7].

O prazer e ausência de dor que configuram a felicidade utilitarista tornam-se inclusive critério para a justiça das ações. Sob esse ponto de vista, a morte de Schill na peça seria justa na medida em que promove a felicidade geral de todos. O próprio Stuart Mill relaciona justiça e felicidade na sua obra:

> O credo que aceita a utilidade ou princípio da maior felicidade como fundamento da moral, susten-

---

(5) John Stuart Mill, *El Utilitarismo*, Aguilar, Buenos Aires, 1955, pág. 27.

(6) *Idem*, pág. 34.

(7) *Ibidem*.

ta que as ações são justas na proporção em que promovem a felicidade, e injustas enquanto produzem o contrário à felicidade. Entende-se por felicidade o prazer e a ausência de dor; por infelicidade, a dor e ausência do prazer[8].

A felicidade torna-se assim um critério ético de comportamento.

O tema do prazer aparece com frequência na filosofia desde os alvores da disciplina. Para Platão, bem como para Aristóteles, prazer é diferente de bem. A pessoa humana deve perseguir o bem, e não apenas o prazer.

Platão dedica uma boa parte de *Górgias* à análise dessa questão. Nesse diálogo, Sócrates pergunta a Cálicles: «Acha que o que dá prazer e o que é bom são uma mesma coisa, ou que há coisas que dão prazer que não são boas?»[9] A resposta de Cálicles é que são a mesma coisa.

Sócrates, contudo, argumenta que bens e prazeres são diferentes. Por exemplo, a sede e a fome nos fazem sofrer e produzem prazer quando saciados. Portanto, quando temos fome e comemos ficamos privados ao mesmo tempo do sofrimento e do prazer. Mas não ficamos privados ao mesmo tempo dos bens e dos males.

A ética ou moral, de acordo com Platão e Aristóteles, está em fazer o bem e não em sentir prazer. É fazer o bem que torna os atenienses melhores, e não buscar apenas o seu prazer. Como o diálogo é sobre a retórica, Sócrates recomenda que Cálicles e os bons oradores procurem

---

(8) *Idem*, pág. 27.
(9) *Obras completas: Fedro*, pág. 390.

UTILITARISMO, OU O PRAZER

tornar os atenienses homens justos e moderados, e não apenas ajudá-los na arte de falar bem em público.

Nas próprias palavras de Sócrates:

> Portanto, o orador orientará para as almas os discursos que pronuncie assim como todas as suas ações, sem afastar seu pensamento de um propósito: que nasça a justiça nas almas dos seus concidadãos e seja desterrada a injustiça e seja rejeitada a intemperança e, em resumo, afirme-se nas almas a virtude e afaste-se do vício[10].

Cálicles concorda, e Sócrates faz uma recapitulação do debate: prazer e bem não são a mesma coisa. O prazer deve ser realizado em função de um bem. Prazer é aquilo cuja presença nos produz um gozo, e bem é aquilo que quando está presente nos faz bons.

Nessa altura Platão, por meio de Sócrates, desenha um ideal de felicidade completamente diferente do de Stuart Mill e do utilitarismo:

> Então, ou refutamos a consideração de que os homens são felizes pela posse da justiça e da moderação, e desgraçados pela maldade ou, se é verdadeira, devemos pensar nas consequências [...]. Portanto, cometer injustiças é tanto pior que sofrê-las, e quem pretender exercer a oratória deve ser justo e ter conhecimento do que é justo. E se a injustiça é o maior dos males para quem a comete, mais grave ainda é não receber castigo pelos delitos cometidos[11].

---

(10) *Idem*, pág. 397.

(11) *Idem*, pág. 399.

Ou seja, a felicidade está no bem, na prática da virtude, na justiça e não apenas no prazer.

Para Aristóteles, há três tipos de bens: os do corpo, exteriores e da alma. Os bens do corpo e exteriores são importantes como meios para a felicidade, porém os bens mais importantes são os bens da alma, e a felicidade está em viver de acordo com a virtude.

No livro X da *Ética a Nicômaco*, Aristóteles trata especificamente do prazer. De acordo com ele, o prazer está associado à nossa natureza. O prazer, entretanto, não é o bem supremo do homem, tal como já afirmava Platão. Embora todos os homens aspirem ao prazer, porque todos desejam viver, nem todo prazer é um bem. Como diferenciar então os prazeres bons daqueles que não são bons. Como assinala o próprio Aristóteles:

> Uma vez que as atividades diferem pela sua bondade ou maldade, e umas são dignas de serem procuradas, outras evitadas, e outras indiferentes, o mesmo acontece com os prazeres, pois a cada atividade corresponde seu próprio prazer. Assim, o prazer próprio da atividade honesta será bom e o da má, perverso, assim como o apetite das ações nobres é louvável e o das vergonhosas, censurável[12].

Este ponto é fundamental para entender a diferença do conceito de prazer de Stuart Mill e o de Aristóteles. Os prazeres podem ser bons ou não em função de sua honestidade, ou seja, o prazer não é um critério adequado para a justiça, para que uma ação possa ser considerada ética,

---

(12) *Ética a Nicômaco*, pág. 390.

mas sim o bem e a honestidade da ação. A utilidade e o prazer devem estar subordinados ao bem e à honestidade. Comprar a morte de Schill pode trazer utilidade para os habitantes de Gullen, porém não é uma ação boa nem honesta.

Este mesmo ponto de vista aparece também na obra *Utopia*, de Thomas More. No livro I, More discorre sobre os problemas que afligiam a Inglaterra na época em que viveu, o século XVI, e discute a questão do governo, da justiça social e da importância da propriedade privada. Ao longo de todo o livro o autor brinca com os nomes e termos utilizados, a começar pelo próprio título do livro, que em grego se traduziria como «lugar nenhum», e nem tudo o que está escrito corresponde ao pensamento do autor. Por isso, o texto não deve ser interpretado ao pé da letra.

No livro II More descreve a ilha de Utopia, suas características geográficas, seus costumes, seu governo e sua concepção de vida. Os utopianos discutem questões filosóficas:

> No domínio da filosofia que trata dos costumes, eles discutem, como nós, sobre os bens da alma, os bens do corpo, os bens exteriores, perguntando-se se todos podem ser designados como bens ou se esse nome cabe apenas aos dons do espírito. Discorrem sobre a virtude e o prazer. Mas seu principal tema de controvérsia é saber em que consiste a felicidade humana, se ela é uma ou múltipla. Sobre esse assunto, eles me parecem um pouco propensos demais à seita que prega o prazer e vê nele, se não a

totalidade da felicidade, pelo menos seu elemento essencial[13].

O prazer é um elemento essencial da felicidade dos utopianos, porém não falamos aqui de um prazer qualquer:

> A felicidade, para eles, não reside em qualquer prazer, mas no prazer correto e honesto para o qual nossa natureza é atraída, como para seu bem supremo, por aquela mesma virtude na qual a seita oposta coloca a felicidade com exclusão de qualquer outro domínio. Pois eles definem a virtude como uma vida de acordo com a natureza, Deus tendo nos destinado a isso. Vive de acordo com a natureza quem obedece à razão quando esta aconselha a desejar certas coisas e evitar outras. A natureza primeiro preenche os mortais de um grande amor, de uma ardente veneração pela majestade divina, à qual devemos tanto nosso próprio ser quanto a possibilidade de alcançar a felicidade. Ela nos incita, a seguir, a levar uma vida tão isenta de tormentos, tão repleta de alegrias quanto possível, e a ajudar todos os outros, em virtude da solidariedade que nos une, a obter o mesmo[14].

O prazer honesto é o ponto de referência ético na ilha de Utopia. Ao mesmo tempo, esse prazer honesto norteia-se pela razão, que orienta e aconselha a pessoa na hora de agir. Não são os sentimentos que comandam a ação, por meio dos desejos, mas é a razão quem orienta a ação.

---

(13) Thomas More, *Utopia*, L&PM, Porto Alegre, 1997, pág. 103.
(14) *Idem*, pág. 105.

Epicuro

O prazer como motor da ação humana norteou o pensamento filosófico de uma corrente filosófica da Grécia clássica, conhecida como epicurismo. O próprio Stuart Mill reconhece-a em parte como precursora do utilitarismo. Epicuro (341-270 a.C.) nasceu na ilha de Samos. Estando em Atenas para cumprir suas obrigações militares, conheceu um discípulo de Platão, Xenócrates, diretor da Academia. Posteriormente, viajou por várias cidades gregas, onde foi professor, até retornar a Atenas, em 306 a.C. Lá fixou sua residência, nos arredores da cidade, numa ampla casa com jardim, onde começaram a reunir-se amigos e conhecidos para discutir temas filosóficos. Tornaram-se conhecidos como «filósofos do jardim».

A ética de Epicuro defende que a felicidade humana se encontra no prazer, entretanto, sua filosofia é muito diferente do utilitarismo de Stuart Mill, apesar de ser considerado um precursor deste último por fazer do prazer o ponto central da sua filosofia. Em grego, prazer é *hedoné* e, por isso, os filósofos epicuristas são considerados hedonistas.

O pensamento de Epicuro sobre o prazer está sintetizado numa carta que escreveu a Meneceu. A carta é importante para esclarecer qual a concepção verdadeira de prazer de Epicuro e dos epicuristas, muito distante do hedonismo como corrente de pensamento que defende o prazer a qualquer custo e a todo instante.

De acordo com Epicuro, a felicidade não se encontra numa vida pródiga em prazeres mundanos, na riqueza ou posse de muitos bens ou em gozar a vida a qualquer custo. Muito pelo contrário:

> Quando então dizemos que o fim último é o prazer, não nos referimos aos prazeres dos intemperantes ou aos que consistem no gozo dos sentidos, como acreditam certas pessoas que ignoram o nosso pensamento, ou não concordam com ele, ou o interpretam erroneamente, mas ao prazer que é ausência de sofrimentos físicos e de perturbações na alma[15].

Para Epicuro a felicidade está em satisfazer os desejos e prazeres necessários à vida, sem estar preocupados com o requinte ou o luxo:

> Os alimentos mais simples proporcionam o mesmo prazer que as iguarias mais requintadas, desde que se remova a dor provocada pela falta: pão e água produzem o prazer mais profundo quando ingeridos por quem deles necessita. Habituar-se às coisas simples, a um modo de vida não luxuoso, portanto, não é só conveniente para a saúde, como ainda proporciona ao homem os meios para enfrentar corajosamente as adversidades da vida[16].

A concepção epicurista, portanto, está muito longe, do utilitarismo, que busca aumentar os prazeres tanto quantitativa como qualitativamente. A mentalidade hedonista moderna está, portanto, mais próxima do utilitarismo do que do verdadeiro epicurismo. Entretanto, sublinhamos

---

(15) Epicuro, *Carta sobre a felicidade*, Unesp, São Paulo, 2002, pág. 43.
(16) *Idem*, pág. 41.

UTILITARISMO, OU O PRAZER

desde o início, ainda é mais importante perseguir o bem do que o prazer, mesmo ressalvando que o prazer honesto é algo bom.

Por vezes precisamos escolher entre o prazer e um bem maior do que a própria utilidade ou satisfação pessoal. É nessa hora em que a virtude se torna mais importante que a satisfação pessoal. Um exemplo pode ajudar a ilustrar essa situação. Um executivo americano que trabalhava no mercado financeiro em Nova York recebeu um bônus da empresa para escalar o Everest, um sonho acalentado por ele durante longos anos. Já tinha escalado outros picos importantes, porém nunca tinha tido a oportunidade de alcançar o topo do mundo. Com os gastos pagos pela empresa, o convite era altamente sedutor.

Partiu para o Himalaia e, durante a subida, quando se dirigia de um acampamento a outro, encontrou um xerpa deitado na neve, doente. Junto com o amigo que o acompanhava tentaram socorrê-lo e reanimá-lo. Quando foram alcançados por outra expedição que vinha atrás deles, deixaram o xerpa nas suas mãos. Ao descer, perguntou pelo estado de saúde do homem que tinha resgatado e soube que havia falecido. A notícia provocou-lhe um profundo remorso. O executivo pensou que, se tivesse ficado lá, talvez o xerpa tivesse sobrevivido. Talvez não, mas ao menos teria feito tudo o que estava ao seu alcance para ajudá-lo. Este fato desencadeou nele uma profunda reflexão e uma mudança na vida. O que estava em jogo era uma conquista de um objetivo pessoal ou ajudar um ser humano?

Do ponto de vista utilitarista, da maior felicidade para o maior número, os alpinistas ficaram satisfeitos de alcançar seu objetivo, independentemente do destino do xerpa doente, que representava a minoria de um só.

Um episódio semelhante foi noticiado por jornais e revistas há alguns anos. A notícia narrava a aventura de dois alpinistas brasileiros no Everest. O casal Paulino e Lena tinha escalado diversos picos importantes, porém ainda não tinham conseguido colocar os pés no topo do mundo. Finalmente conseguiram viajar ao Everest em busca de um dos maiores sonhos esportivos do montanhismo.

Ascenderam de acampamento em acampamento e quando já estavam próximos do cume, encontraram um alpinista português doente, deitado na neve. Ajudaram-no a recuperar-se e carregaram-no monte abaixo para que recebesse ajuda. Na altura em que se encontravam, o ar rarefeito não permitia que os helicópteros tivessem sustentação e, por essa razão, foi necessário carregá-lo até uma altura em que essa operação fosse possível. De fato, o alpinista português acidentado foi colocado em um helicóptero e atendido medicamente. Posteriormente viajou para um hospital na Europa onde recuperou a saúde.

Ao interromperem a ascensão para ajudar o alpinista, Paulino e Lena abriram mão do sonho de alcançar o topo do mundo, mas tiveram a satisfação de ter ajudado um ser humano numa situação que certamente lhe teria custado a vida. Não pensaram na utilidade ou satisfação pessoal.

Por vezes, na procura da felicidade, o bem e o prazer entram em conflito. Muitos escolhem o prazer, e diversos filósofos defendem esse ponto de vista. Mas é mais feliz quem opta pelo bem. Escolher o bem é o caminho da virtude, como explicam Sócrates, Platão e Aristóteles.

Kant,
ou o dever

Em 1961, Hannah Arendt foi convidada a cobrir, para a revista americana *The New Yorker*, o julgamento de Adolf Eichmann em Jerusalém. Em 11 de maio de 1960, Eichmann foi raptado por um comando israelense, em um subúrbio de Buenos Aires, e levado furtivamente a Israel a fim de ser julgado. Eichmann teve uma função importante durante a perseguição aos judeus durante o III Reich. Foi responsável pela logística da deportação dos judeus enviados aos campos de concentração. Organizava o transporte e cuidava dos tratados de deportação. Em janeiro de 1942, participou da Conferência de Wannsee, realizada numa casa desse subúrbio de Berlim. A conferência reuniu todos os secretários do governo. O objetivo era que os ministérios do Reich colaborassem com a «solução final», eufemismo utilizado nos altos escalões nazistas para designar o plano de Hitler de exterminar todos os judeus dos territórios sob o domínio da Alemanha.

Aos olhos da filósofa alemã, aluna de Heidegger, era preciso examinar se o personagem que estava sendo julgado era um carrasco nazista, responsável pelo genocídio de milhões de judeus, ou apenas um burocrata competente, que cumpria ordens. Mergulhando na história do holocausto, Hannah Arendt investigou as fontes de motivação do acusado e em que consistiu a sua colaboração com o regime nazista.

O que estava sendo julgado, em última instância, é se o acusado participou deliberada e conscientemente do holocausto ou se foi apenas um funcionário honesto e eficiente que cumpria ordens superiores com competência e diligência. Colaborou ativamente com a solução final de Hitler ou apenas cumpriu seu dever?

Como filósofa e professora, Arendt conhecia bem o pensamento dos clássicos gregos, principalmente Sócrates e Platão, assim como Kant, que Eichmann invocou em sua defesa durante o julgamento.

Os artigos publicados em *The New Yorker* levantaram uma imensa nuvem de poeira assim como, na opinião da autora, provocaram uma «campanha organizada [...] levada a cabo por bem conhecidos meios de fabricação de imagem e manipulação de opinião»[1]. Aparentemente, a série de reportagens de Arendt isentava o funcionário nazista de responsabilidade pelos seus atos. Na verdade, não o isentava, apenas queria compreender como Eichmann,

---

(1) Hannah Arendt, *Eichmann em Jerusalém: um relato sobre a banalidade do mal*, Companhia das Letras, São Paulo, 2013, págs. 305-306.

KANT, OU O DEVER

que sabia para onde eram conduzidos os judeus que ajudava a deportar e o que acontecia com eles, afirmava não ser responsável pelo holocausto, pelo simples fato de cumprir ordens e seguir a lei vigente na Alemanha.

Começando pelo final: qual o juízo que o funcionário nazista merecia da filósofa judia alemã? A resposta se encontra no pós-escrito de *Eichmann em Jerusalém*, o livro que Arendt publicou em 1963, revisando e adaptando os artigos publicados em 1961.

Qual o fim que movia Eichmann em suas ações? Qual a principal motivação do acusado? De acordo com Arendt:

> A não ser por sua extraordinária aplicação em obter progressos pessoais, ele não tinha nenhuma motivação. E essa aplicação em si não era de forma alguma criminosa; ele nunca teria matado seu superior para ficar com seu posto. Para falarmos em termos coloquiais, *ele simplesmente nunca percebeu o que estava fazendo*. Foi precisamente essa falta de imaginação que lhe permitiu sentar meses a fio na frente do judeu alemão que conduziu o interrogatório da polícia, abrindo seu coração para aquele homem e explicando insistentemente como ele conseguira chegar só à patente de tenente-coronel da ss e que não fora falha sua não ter sido promovido. Em princípio ele sabia muito bem do que se tratava e, em sua declaração final à corte, falou da «reavaliação de valores prescrita pelo governo [nazista]». Ele não era burro. Foi pura irreflexão – algo de maneira nenhuma idêntico à burrice – que o predispôs a se tornar um dos grandes criminosos

desta época. E se isso é «banal» e até engraçado, nem com a maior boa vontade do mundo se pode extrair qualquer profundidade diabólica ou demoníaca de Eichmann, isso está longe de se chamar lugar-comum[2].

Eichmann foi um criminoso, não pela intenção que o motivava, que consistia em cumprir ordens para progredir profissionalmente, mas pela ação que executava: colaborar com a deportação de pessoas inocentes destinadas à morte nos campos de concentração. Ele era consciente de que sua missão não era inocente, mas tentou escudar-se na intenção que o motivava, arguindo que cumpria o seu dever. Tinha plena consciência do que acontecia nos campos de concentração. Algumas semanas depois de Hitler atacar a União Soviética, em 22 de junho de 1941, Eichmann foi convocado por Reinhardt Heydrich, que dirigia o Escritório Central de Segurança do Reich (RSHA), para uma reunião. Hannah Arendt resume o teor do encontro e a reação de Eichmann. Heydrich foi direto ao ponto:

«*O Führer ordenou que os judeus sejam exterminados fisicamente*». Depois disso, «muito contra os seus hábitos, ficou silencioso por longo tempo, como se quisesse experimentar o impacto de suas palavras. Ainda hoje me lembro. No primeiro momento não consegui captar o sentido do que ele havia dito, porque ele foi muito cuidadoso na escolha das palavras. Depois entendi e não disse nada, porque não havia mais nada a dizer. Porque eu nunca havia pensado numa coisa

---

(2) *Idem*, págs. 310-311.

KANT, OU O DEVER

dessas, numa solução por meio da violência. Agora eu perdia tudo, toda alegria no meu trabalho, toda iniciativa, todo interesse; eu estava, por assim dizer, arrasado[3].

Alguns meses antes essa ordem «secreta» já era conhecida oficialmente nos altos círculos do partido e já corria entre os oficiais menos graduados, entre eles Eichmann. Após essa entrevista, Eichmann foi enviado a Lublin, onde visitou um campo de extermínio por envenenamento com gás, ciceroneado por Odilo Globocnik. Depois foi enviado a Minsk, na Bielorrússia, onde os judeus eram executados por fuzilamento.

Durante essas visitas, não presenciou nenhuma demonstração prática do funcionamento dos campos, porém tinha pleno conhecimento do que acontecia naqueles locais. Como escreve Arendt:

> Ele nunca assistiu efetivamente a uma execução em massa por fuzilamento, nunca assistiu ao processo de morte pelo gás, nem à seleção dos mais aptos para o trabalho – em média, cerca de 25% de cada carregamento –, que em Auschwitz precedia a morte. Ele viu apenas o suficiente para estar plenamente informado de como funcionava a máquina de destruição[4].

Dizia ser sensível à dor e ao sofrimento alheio. Comentando sua impressão sobre as câmaras de gás explicava:

---

(3) *Idem*, págs. 98-99.
(4) *Idem*, pág. 105.

Para mim também isso era monstruoso. Não sou duro o bastante para suportar uma coisas dessas sem reação [...]. Hoje, se me mostrarem uma ferida aberta, acho que não sou capaz de olhar. Sou uma pessoa desse tipo, para quem estão sempre dizendo que não poderia ser médico[5].

Eichmann participou da Conferência de Wannsee como secretário (era entre os presentes o oficial de menor patente). E então suas dúvidas acerca da Solução Final foram esclarecidas:

Embora estivesse dando o melhor de si para ajudar a Solução Final, ele ainda tinha algumas dúvidas a respeito de «uma solução sangrenta por meio da violência», e essas dúvidas agora haviam sido dissipadas. «Ali, naquela conferência, as pessoas mais importantes tinham falado, os papas do Terceiro Reich». [...] Naquele momento, eu tive uma espécie de sensação de Pôncio Pilatos, pois me senti livre de toda culpa». Quem haveria de ser o juiz? Quem era ele para «ter suas próprias ideias sobre o assunto»?[6]

Eichmann, que dizia ser tão sensível à violência, poderia, entretanto, ter solicitado uma transferência quando recebeu a missão de deportar os judeus para os campos de concentração. Por que não o fez? Como conta Arendt:

Em seu último depoimento à corte, Eichmann admitiu que podia ter recuado sob um pretexto qual-

---

(5) *Idem*, pág. 102.
(6) *Idem*, pág. 130.

KANT, OU O DEVER   139

quer, como outros o fizeram. Ele sempre considerou tal passo «inadmissível», e ainda agora não o considerava «admirável»; isso significaria nada mais que a transferência para outro trabalho bem pago. A ideia de desobediência aberta, surgida no pós-guerra, era um conto de fadas: «Naquelas circunstâncias, esse comportamento era impossível. Ninguém agia assim», era «impensável». Se ele tivesse sido nomeado comandante de um campo de extermínio, como seu bom amigo Höss, teria de ter cometido suicídio, uma vez que era incapaz de matar[7].

No entanto, de acordo com testemunhas, era, sim, possível evitar uma tarefa mediante solicitação de transferência. Embora pudesse haver punições disciplinares, não havia perigo de vida. E mesmo em casos de oficiais que eram encarregados de execuções, segundo os documentos de Nuremberg, «não se encontrou nenhum caso de membro da ss que tenha sofrido pena de morte por se recusar a participar de uma execução»[8].

O sentido do dever é a pedra de toque da ética kantiana e o refúgio em que Eichmann procurou abrigar-se durante o julgamento a que foi submetido em Jerusalém. Entretanto, é preciso indagar se Eichmann podia invocar o dever kantiano para justificar seu comportamento. Como comenta Arendt:

À medida que passavam os meses e os anos, ele perdeu a necessidade de sentir fosse o que fosse. Era assim

---

(7) *Idem*, pág. 107.
(8) *Ibidem*.

que as coisas eram, essa era a nova lei da terra, baseada nas ordens do Führer; tanto quanto podia ver, seus atos eram os de um cidadão respeitador das leis. Ele cumpria o seu dever, como repetiu insistentemente à polícia e à corte; ele não só obedecia a ordens; ele também obedecia à lei[9].

Com relação à ética kantiana do dever, Eichmann declarou durante uma sessão de interrogatório policial:

> Com grande ênfase que tinha vivido toda a sua vida de acordo com os princípios morais de Kant, e particularmente segunda a definição kantiana de dever. Isso era aparentemente ultrajante, e também incompreensível, uma vez que a filosofia moral de Kant está intimamente ligada à faculdade do juízo do homem, o que elimina a obediência cega. O oficial interrogador não forçou esse ponto, mas o juiz Raveh, fosse por curiosidade, fosse por indignação pelo fato de Eichmann ter a ousadia de invocar o nome de Kant em relação aos seus crimes, resolveu interrogar o acusado. E para surpresa de todos, Eichmann deu uma definição quase correta do imperativo categórico: «O que eu quis dizer com minha menção a Kant foi que o princípio da minha vontade deve ser sempre tal que possa se transformar no princípio de leis gerais» (o que não é o caso com roubo e assassinato, por exemplo, porque não é concebível que o ladrão e o assassino desejem viver num sistema legal que dê aos outros o direito de roubá-los ou matá-los). Depois de mais perguntas, acrescentou

---

(9) *Idem*, pág. 152.

que lera *A crítica da razão pura*, de Kant. E explicou que, a partir do momento em que fora encarregado de efetivar a Solução Final, deixara de viver segundo os princípios kantianos, que sabia disso e se consolava com a ideia de que não era mais «senhor de seus próprios atos», de que era incapaz de «mudar qualquer coisa». O que não referiu à corte foi que «nesse período de crime legalizado pelo Estado», como ele mesmo disse, descartara a fórmula kantiana como algo não mais aplicável. Ele distorcera o seu teor para: aja como se o princípio de suas ações fosse o mesmo do legislador ou da legislação local – ou na formulação de Hans Frank para o «imperativo categórico do Terceiro Reich» que Eichmann deve ter conhecido: «Aja de tal modo que o Führer, se souber da sua atitude, a aprove»[10].

Essa interpretação de Kant era errada, porém, na prática, muitas pessoas aderiram a ela:

A distorção inconsciente de Eichmann está de acordo com aquilo que ele próprio chamou de versão de Kant «para uso doméstico do homem comum». No uso doméstico, tudo o que resta de Kant é a exigência de que o homem faça mais do que obedecer à lei, que vá além do mero chamado da obediência e identifique sua própria vontade com o princípio que está por trás da lei – a fonte de onde brotou a lei. Na filosofia de Kant, essa fonte é a razão prática; no uso doméstico que Eichmann faz dele, seria a vontade

---

(10) *Idem*, pág. 153.

do Führer. Grande parte do minucioso empenho na execução da Solução Final [...] pode ser atribuída à estranha noção. Efetivamente muito comum na Alemanha, de que ser respeitador das leis significa não apenas obedecer às leis, mas agir como se fôssemos os legisladores da lei que obedecemos[11].

Mesmo sendo um zeloso cumpridor da lei, Eichmann teve suas «fraquezas» ao ajudar um primo meio-judeu e um casal judeu de Viena, por recomendação de um tio dele. Porém, como conta Arendt, tinha «confessado seus pecados» aos seus superiores.

Eichmann, portanto, reconhecia que, embora conhecesse o conteúdo do imperativo categórico kantiano, tinha deixado de segui-lo quando entrou em conflito com as ordens superiores que recebia, como argumentou insistentemente nos interrogatórios da polícia e na corte em que foi julgado.

Para que uma ação seja considerada boa, ética, tanto sua intenção como o seu objeto devem ser bons. Eichmann afirmou repetidamente durante o julgamento que a intenção dele era apenas cumprir ordens (o que é bom), contudo ele próprio reconheceu que objeto da ação – cooperar com a Solução Final – não era correto. Isso fica claro nos seus depoimentos, embora se escudasse no argumento de que não participou diretamente na execução dos judeus nem tivesse matado alguém.

A falta de personalidade de Eichmann para ir até as últimas consequências da avaliação do regime com que

---

(11) *Idem*, pág. 154.

KANT, OU O DEVER

estava colaborando, assim como de tantos outros que adormeceram suas consciências e pararam de questionar as leis e as ordens superiores, contribuiu para a morte de milhões de pessoas:

E assim como a lei de países civilizados pressupõe que a voz da consciência de todo mundo dita «Não matarás», mesmo que o desejo e os pendores do homem natural sejam às vezes assassinos, assim a lei da terra de Hitler ditava à consciência de todos: «Matarás», embora os organizadores dos massacres soubessem muito bem que o assassinato era contra os desejos e os pendores normais da maioria das pessoas. No Terceiro Reich, o Mal perdera a qualidade pelo qual a maior parte das pessoas o reconhecem – a qualidade da tentação. Muitos alemães e muitos nazistas, provavelmente a esmagadora maioria deles, deve ter sido tentada a *não* matar, a *não* roubar, a *não* deixar seus vizinhos partirem para a destruição (pois eles sabiam que os judeus estavam sendo transportados para a destruição, é claro, embora muitos possam não ter sabido dos detalhes terríveis), e a *não* se tornarem cúmplices de todos esses crimes tirando proveito deles. Mas Deus sabe como eles tinham aprendido a resistir à tentação[12].

A colaboração de Eichmann com o holocausto foi resultado, como salienta Arendt, da falta intencional de reflexão eficaz sobre a matéria, com o desejo a enganar e adormecer a consciência a fim de tornar aparentemen-

---

(12) *Idem*, pág. 167.

Ética em Kant

Na sua obra *Fundamentos da metafísica dos costumes*, Kant explica como o conceito de dever é o elemento-chave da ação ética. O ponto de partida, anterior ao dever, é o conceito de boa vontade:

Neste mundo, e até também fora dele, nada é possível pensar que possa ser considerado como bom sem limitação a não ser uma só coisa: uma *boa vontade*[13].

De acordo com Kant, perseguir o bem é uma atitude egoísta. Por essa razão a única atitude não egoísta é agir por boa vontade:

Poder, riqueza, honra, mesmo a saúde, e todo o bem-estar e contentamento com a sua sorte, sob o nome de felicidade, dão ânimo que muitas vezes desanda em soberba, se não existir também a boa vontade que corrija a sua influência sobre a alma e juntamente todo o princípio de agir e lhe dê uma utilidade geral[14].

Como explica Roger Verneaux, até em Kant a ética tinha sido fundamentada com relação à ideia do bem, e

---

(13) Immanuel Kant, *Fundamentos da metafísica dos costumes*, Edições 70, Lisboa, 1997, pág. 21.
(14) *Idem*, pág. 22.

segundo Kant esta concepção é incompatível com a ética. Por sua vez, as éticas empiristas identificam o bem com o prazer e o interesse. O ponto de vista empirista, entretanto é puramente subjetivo, individual; não é possível deduzir nenhuma regra universal de conduta. É uma perspectiva egoísta que subverte a moralidade.

Segundo Kant, a ética não pode fundamentar-se no bem nem nos sentimentos subjetivos, mas apenas na boa vontade, por ser boa em si mesma, independentemente do bem e dos sentimentos. A boa vontade não procura nenhum interesse exterior, não é movida pela espera de receber algo em troca. Não se deixa influenciar pela utilidade que pode resultar de uma ação feita com boa vontade:

> A utilidade ou a inutilidade nada podem acrescentar ou tirar a esse valor. A utilidade seria apenas como que o engaste para essa joia poder ser manejada mais facilmente na circulação corrente ou para atrair sobre ela a atenção daqueles que não são ainda bastante conhecedores, mas não para a recomendar aos conhecedores e determinar o seu valor[15].

Para compreender e desenvolver o conceito de boa vontade Kant introduz o conceito de dever. O dever inclui em si o conceito de boa vontade:

> Para desenvolver o conceito de uma boa vontade [...], vamos encarar o conceito de *dever* que contém em si o de boa vontade, posto que sob certas limita-

---

(15) *Idem*, pág. 23.

ções e obstáculos subjetivos, limitações e obstáculos esses que, muito longe de ocultarem e tornarem irreconhecível a boa vontade, a fazem antes ressaltar por contraste e brilhar com luz mais clara[16].

E como Kant define o dever?

Dever é a necessidade de uma ação por respeito à lei. Pelo objeto, como efeito da ação em vista posso eu sentir verdadeira inclinação, mas nunca respeito[17].

Ou seja, cumprir o dever é seguir uma lei, não a lei positiva, dos códigos propostos pelo Estado, mas uma lei interior, determinada pela razão prática.

Mas que lei pode ser então essa, cuja representação, mesmo sem tomar em consideração o efeito que dela se espera, tem de determinar a vontade para que esta se possa chamar boa absolutamente e sem restrição? Uma vez que despojei a vontade de todos os estímulos que lhe poderiam advir da obediência a qualquer lei, nada mais resta do que a conformidade a uma lei universal das ações em geral que possa servir de único princípio à vontade, isto é: devo proceder sempre de maneira que *eu possa querer também que a minha máxima se torne uma lei universal*[18].

Essa lei é uma lei universal, descoberta pela razão prática, que se impõe a cada pessoa e faz-lhe desejar agir de

---

(16) *Idem*, pág. 26.

(17) *Idem*, pág. 31.

(18) *Idem*, pág. 33.

forma que a ação se torne um exemplo universal de atuação. A descoberta pela razão prática do modo de atuar não é simplesmente uma sugestão, mas um mandato, uma obrigação, ou, como formula o próprio Kant, um imperativo categórico da vontade:

> Há um imperativo que, sem se basear como condição em qualquer outra intenção a atingir por um certo comportamento, ordena imediatamente este comportamento. Este imperativo é categórico [...]. Este imperativo pode se chamar o imperativo da moralidade[19].

E mais adiante, o filósofo acrescenta:

> O imperativo categórico é, portanto, só um único, que é este: *Age apenas segundo uma máxima tal que possas ao mesmo tempo querer que ela se torne lei universal* [...]; o imperativo universal do dever poderia também exprimir-se assim: *Age como se a máxima da tua ação se devesse tornar, pela tua vontade, em lei universal da natureza*[20].

Essa lei descoberta pela razão prática é objetiva e universal, ou seja, não é subjetiva ou relativa, dependendo de cada pessoa, mas racional e objetiva. A limitação da análise de Kant reside no fato de a pessoa humana não ser apenas razão, mas também sentimentos, vontade e coração. Todos esses elementos devem estar integrados se quisermos compreender a ética da ação humana.

---

(19) *Idem*, pág. 52.
(20) *Idem*, pág. 59.

Rousseau e a vontade geral

O dramaturgo Henrik Ibsen nasceu em 1828, numa pequena cidade da costa na Noruega. Suas peças retratam problemas e dilemas sociais. Arguto intérprete da alma humana, uma das suas obras mais conhecidas é *Um inimigo do povo*. Publicada em Copenhague em 1882, estreou em Oslo no ano seguinte. A peça foi um grande sucesso e logo foi traduzida e encenada em outros palcos europeus.

O cenário em que a ação transcorre é uma pequena cidade balneária no litoral meridional da Noruega. O médico da estação balneária é o dr. Thomas Stockmann, irmão do prefeito da cidade, Peter. A principal fonte de riqueza da cidade é a estação balneária, graças aos benefícios medicinais de suas águas. Tudo corria às mil maravilhas até o dia em que o dr. Stockmann, responsável por zelar pela saúde de todos, faz uma terrível descoberta:

as águas estão contaminadas. O balneário é um sepulcro envenenado, um foco de infecções.

A sujeira despejada pelos curtumes de um vale próximo, o Vale dos Moinhos, infectou o reservatório de águas. Uma análise química rigorosa de várias amostras detectou a presença de substâncias orgânicas em decomposição, todas prejudiciais à saúde. A única solução possível é refazer completamente a captação de água dos lençóis freáticos. A captação de lençóis poluídos deve ser abandonada. Todas as tubulações precisam ser substituídas para que o reservatório seja apenas alimentado com águas limpas. Ao mesmo tempo é necessário canalizar os esgotos produzidos no Vale dos Moinhos.

A reforma exige o fechamento do balneário por dois anos e um volume elevado de investimentos na despoluição do vale. Como não há tempo a perder, o dr. Stockmann convoca os responsáveis pelo jornal da cidade, *A voz do povo*, para comunicar a descoberta. O editor do jornal apoia imediatamente a iniciativa da denúncia: «A verdade deve vir antes de tudo...»[1]. O presidente da Associação dos Pequenos Proprietários de Imóveis também aprova a divulgação da triste notícia.

O irmão do dr. Stockmann, Peter, prefeito da cidade, ao tomar conhecimento da poluição das águas do balneário e saber das intenções do irmão médico, proíbe-o de divulgar a notícia, temendo o esvaziamento da estação, ocasionando um sério prejuízo à cidade. O dr. Stockmann reage imediatamente à provocação, indignado com a atitude do prefeito: «Vivemos de um comércio

---

(1) Henrik Ibsen, *Um inimigo do povo*, L&PM, Porto Alegre, 2001, pág. 52.

de imundícies e de veneno! Esta riqueza tão promissora está baseada numa mentira»[2].

O prefeito, entretanto, não arreda pé: «O homem que emite tão odiosas insinuações contra sua própria cidade não pode ser senão um inimigo da comunidade». Após discutir com o irmão, ele procura os editores d'*A voz do povo* para manifestar a sua preocupação com o futuro da cidade, caso a notícia da contaminação das águas seja publicada. Os habitantes ficariam dois anos sem a principal fonte de receitas da cidade. Ao mesmo tempo, seria necessário recorrer a um empréstimo comunal para realizar a reforma, uma vez que os acionistas do balneário não estão dispostos a arcar com os custos das obras. Com esse argumento, o prefeito consegue convencê-los a não publicar o artigo que denuncia a contaminação.

O dr. Stockmann fica desapontado com a volubilidade dos editores, que viram casaca para não contrariar os interesses econômicos dos que lucram com o balneário. Negado o acesso aos meios de comunicação, o médico convoca uma reunião em que dará uma conferência, para explicar abertamente a situação.

Os participantes da conferência exigem que seja nomeado um presidente para conduzir a reunião. Contra a vontade do dr. Stockmann, é indicada uma pessoa contrária às ponderações do médico. Ao tomar a palavra, o presidente concede a palavra ao prefeito. Este sugere que a fala do irmão seja impedida, uma vez que «nenhum dos cidadãos aqui presentes deseja que circulem boatos, ru-

---

(2) *Idem*, pág. 73.

mores tendenciosos sobre a situação sanitária da estação balneária e da população».

Um dos cidadãos apoia a proposta do prefeito arguindo: «É fora de dúvida que no assunto que nos ocupa, o dr. Stockmann tem contra si a vontade geral». Impedido de falar sobre a poluição das águas, o médico discursa sobre a grande descoberta que fez nos últimos dias: «Descobri que todas as fontes morais estão envenenadas e que toda a nossa sociedade repousa sobre o solo da mentira». Critica então a minoria silenciosa da assembleia, que não se manifesta, assim como a opinião de que a maioria sempre tem razão. Pode ter o poder, mas não necessariamente a razão:

> Vou dedicar toda a minha energia e a minha vida a contestar a pseudoverdade de que a voz do povo é a voz da razão! Que sentido têm as verdades proclamadas pela massa, massa esta que é manobrada pelos jornais e pelos poderosos? [...] Proponho-me a fazer uma revolução contra a mentira que diz «que a maioria tem o monopólio da verdade».

A essa altura alguns dos presentes pedem que seja cassada a palavra ao dr. Stockmann. O editor do jornal vai mais longe: «A pessoa que ataca desta forma o bem comum é um inimigo do povo». A assembleia faz uma votação e decide, por unanimidade, declarar o dr. Stockmann, médico da estação balneária, um inimigo do povo. A sessão é encerrada pelo presidente.

Reunido com a família, o médico argumenta com a esposa que a melhor opção para eles é deixar a cidade: a casa da família foi apedrejada, a filha Petra foi demitida do emprego,

ROUSSEAU E A VONTADE GERAL

os filhos pequenos recebem a recomendação de não voltar à escola temporariamente, pois os colegas começaram a brigar com eles... Por fim, o prefeito visita o irmão em casa para informar que a estação balneária decidiu demiti-lo e recomenda ao médico que publique um desmentido das suas opiniões. A resposta do médico não deixa lugar a dúvidas:

> Pois bem, saiba que um homem de bem não deve encobrir imundícies. Ele deve ter a consciência tranquila, para amanhã não se envergonhar de si mesmo.

Depois de outra conversa com a mulher e a filha, o dr. Stockmanm decide não ir mais embora da cidade. Em vez disso, vai criar uma escola para os próprios filhos e garotos de rua. Ele a e filha cuidarão da sua educação. O plano é formar homens extraordinários que no futuro mudem o destino da cidade.

Na peça de Ibsen, a justificativa do povo para não acolher a denúncia do dr. Stockmann é cumprir a vontade geral da maioria da população da cidade balneária, o que constituiria o bem comum dos cidadãos reunidos em assembleia. O filósofo genebrino Jean-Jacques Rousseau punha esses conceitos – vontade geral e bem comum – no núcleo do edifício da sua construção intelectual, porém compreendidos de um modo completamente diferente da maneira formulada pelo povo da cidade balneária.

O contrato social

De acordo com Rousseau, na sua obra *Do contrato social*, a vontade geral é sempre certa e tende à utilidade pública, ou seja, ao bem comum. Entretanto, Rousseau distingue entre a *vontade de todos* e a *vontade geral*. Esta última procura o interesse comum, enquanto que a primeira busca o interesse particular, sendo apenas a soma das vontades particulares. De acordo com essa distinção, o dr. Stockmann é declarado culpado pela vontade de todos, porém não pela vontade geral. Os cidadãos da estação, por não quererem ver seus lucros diminuírem, são contra a reforma e o tratamento. Nesse sentido a somatória dos interesses particulares constitui a vontade de todos, porém esse conceito não corresponde à vontade geral enunciada por Rousseau.

O segredo para descobrir a vontade geral, para Rousseau, é que os cidadãos não tenham comunicação entre si, de forma a que não estabeleçam facções ou associações parciais de interesses comuns apenas ao grupo. Quando a opinião de uma associação predomina sobre as outras não há, na verdade, vontade geral, mas apenas uma opinião particular.

Nas palavras do próprio filósofo:

> Importa, pois, para alcançar o verdadeiro enunciado da vontade geral, que não haja no Estado sociedade parcial e que cada cidadão só opine de acordo consigo mesmo[3].

Quando o dr. Stockmann conversou individualmente e em privado com alguns cidadãos, cada um deles, ao

---

(3) Jean-Jacques Rousseau, *Do contrato social*, Abril Cultural, São Paulo, 1973, pág. 54.

pensar por si próprio, concordou com o médico. Ao reunir-se e analisar a situação novamente, tendo em conta o interesse particular, mudaram de opinião.

A vida em sociedade é o resultado de um pacto social:

> O pacto social dá a cada homem poder absoluto sobre todos os seus, e é esse mesmo poder que, dirigido pela vontade geral, ganha, como já se disse, o nome de soberania[4].

A vontade geral é uma peça fundamental no tabuleiro filosófico de Rousseau, entretanto, na sua obra, o filósofo não explica como cada pessoa, pensando consigo mesma, formula essa vontade geral.

Como Rousseau chegou a formular o pacto social como base para a vida em sociedade? Para responder essa questão é necessário resumir o pensamento do autor seguindo os passos da sua obra *Do contrato social*. Em primeiro lugar, Rousseau destaca que as pessoas nascem livres, sem nenhuma limitação ou impedimento para agir. Entretanto, ao participar da vida social começam a surgir amarras e impedimentos, que acorrentam e cerceiam a sua liberdade. Viver em sociedade implica uma série de limitações àquilo que as pessoas fariam caso não existissem leis ou regulamentos:

> O homem nasce livre e, no entanto, vive acorrentado. Ele próprio se considera amo, mas não por isso deixa de ser menos escravo do que eles. Como aconteceu esta transformação? Ignoro o tema. O que pode

---

(4) *Ibidem.*

imprimir o selo de legitimidade? Penso poder solucionar esta questão[5].

Rousseau não considera a ordem social, o convívio dos homens em sociedade, algo natural ou desejável. Para ele, isso não passa de uma convenção, em função dos benefícios que a pessoa obtém do convívio social. Essa perspectiva difere essencialmente do pensamento de Aristóteles sobre a política. Para o filósofo ateniense, o homem é um animal político, ou seja, é algo próprio do ser humano viver em sociedade. Já para Rousseau:

> A ordem social, porém, é um direito sagrado que serve de base a todos os outros. Tal direito, no entanto, não se origina na natureza: funda-se, portanto, em convenções[6].

Como os seres humanos que vivem em sociedade se relacionam entre si? Na sociedade não impera a lei da selva, em que o mais forte se impõe sobre os outros na base da força. Ao mesmo tempo ninguém nasce com direito a impor a sua vontade aos outros. Por isso, somente um acordo entre todos, uma convenção, um pacto social legitimaria a sociedade:

> Visto que homem algum tem autoridade natural sobre os seus semelhantes e que a força não produz qualquer direito, só restam a convenções como base de toda autoridade legítima existente entre os homens[7].

---

(5) *Idem*, pág. 28.

(6) *Ibidem*.

(7) *Idem*, pág. 32.

ROUSSEAU E A VONTADE GERAL

Ou seja, o pacto ou contrato social é o princípio de legitimidade da ordem política. Por ele, os homens encontram:

> uma forma de associação que defenda e proteja a pessoa e os bens de cada associado com uma força comum, e pela qual cada um, unindo-se a todos, só se obedece a si mesmo, permanecendo tão livre quanto antes[8].

As cláusulas sociais reduzem-se a uma só: «A alienação total de cada associado, e de todos os seus direitos, à comunidade toda»[9].

Uma comparação a fim de ilustrar a filosofia social de Rousseau: pensemos nas diferenças entre quem mora numa casa e quem mora num apartamento. Quem tem casa própria pode pintar a fachada da cor que desejar, pode entrar e sair sem dar satisfação ao vizinho e sem necessidade de que o porteiro abra a porta, pode guardar os carros na garagem como quiser, pode receber pessoas como e quando quiser, pode ter animais soltos, etc. Sua casa está livre de interferências. Quem reside em um apartamento, por outro lado, está «acorrentado» e deve sujeitar-se às regras estabelecidas nas reuniões dos condôminos com relação a animais, visitas, horas de deixar o lixo na porta, decoração das áreas comuns, etc.

O morador de uma casa é livre para decidir como organizar a própria vida, porém não goza da segurança que um condomínio normalmente oferece. A vida num aparta-

---

(8) *Idem*, pág. 38.

(9) *Ibidem*.

mento limita e acorrenta, porém, o morador normalmente não tem medo de ser surpreendido por bandidos.

Como é lógico, o exemplo é muito limitado – lembremos que os dois moradores devem obedecer às leis municipais –, mas serve para mostrar as diferenças do homem livre e escravizado de Rousseau em *Do contrato social*.

A origem da desigualdade entre os homens

Implícita na filosofia política *Do contrato social*, há uma concepção filosófica de homem que Rousseau desenvolveu no seu ensaio sobre «A origem e os fundamentos da desigualdade entre os homens». Corresponde à bem conhecida teoria do homem como bom selvagem que é corrompido pela sociedade.

No ensaio, Rousseau tenta resgatar o homem em estado natural, contrapondo-o ao homem «moderno» (o ensaio foi escrito em 1754). Enquanto o primeiro seria verdadeiramente livre e feliz, o segundo, constantemente vigiado, seria uma triste e infeliz sombra do homem em estado de natureza:

O homem selvagem e o homem policiado diferem de tal modo no fundo do coração e das inclinações que o que faz a felicidade suprema de um reduziria o outro ao desespero[10].

Rousseau informou-se a respeito dos índios caraíbas, considerando-os um exemplar admirável do ser humano

---

(10) Jean-Jacques Rousseau, *Discurso sobre a origem e os fundamentos da desigualdade entre os homens* [1754], Edipro, São Paulo, 2015, pág. 138.

ao ponto de afirmar: «Que espetáculo para um caraíba os trabalhos penosos de um ministro europeu»[11]. A sociedade moderna escraviza os homens e os obriga a duros trabalhos. Já o homem selvagem não estaria sujeito à ditadura do trabalho, dos compromissos nem da opinião dos outros:

> O selvagem vive em si mesmo; o homem sociável sempre fora de si, não sabe viver senão na opinião dos outros[12].

A ideia de que o homem é bom por natureza e se torna mau ao viver em sociedade resume o pensamento antropológico de Rousseau. O egoísmo nasceria da vida em sociedade, e o progresso e o conhecimento seriam as molas propulsoras do envilecimento humano. Nas notas que adicionou ao fim do ensaio, o pensador genebrino afirma:

> Os homens são maus, uma triste e contínua experiência dispensa a prova; entretanto, o homem é naturalmente bom, creio havê-lo demonstrado. Que será, pois, que o pode ter depravado a esse ponto, senão as mudanças sobrevindas na sua constituição, os progressos que fez e os conhecimentos que adquiriu? Que se admire tanto quanto queira a sociedade humana, não será menos verdade que ela conduz necessariamente os homens a se odiar entre si à proporção do crescimento dos seus interesses[13].

---

(11) *Idem*, pág. 139.

(12) *Ibidem*.

(13) *Idem*, pág. 158.

Rousseau tem uma visão idílica do homem selvagem. O homem em estado natural não teria paixões, não teria ambições, não seria egoísta e viveria feliz. Com certeza não chegou a estas convicções por experiência própria, depois de um convívio prolongado com qualquer índio. Suas elucubrações são antes produto de uma requintada imaginação e da leitura de alguns relatos sobre selvagens. Numa das passagens do livro, por exemplo, escreve:

> O homem selvagem, quando acaba de comer, está em paz com toda a natureza e é amigo de todos os seus semelhantes[14].

Seria interessante conhecer como ele chegou a essa conclusão... Um pouco adiante chega inclusive a comparar-se, desfavoravelmente, com eles:

> Quanto aos homens semelhantes a mim, cujas paixões destruíram para sempre a original simplicidade, que não podem mais nutrir-se de ervas e sementes, nem passar sem leis nem chefes...[15]

A concepção de homem de Rousseau teve um grande impacto na sociedade moderna. Como resume o psiquiatra inglês, Anthony Daniels:

> Rousseau difundiu a ideia de que o ser humano é naturalmente bom e que a sociedade o corrompe. Eu não sou religioso, mas considero a visão cristã de que o homem nasce com o pecado original mais realista. Isso

---

(14) *Idem*, pág. 160.
(15) *Idem*, pág. 169.

não significa que o homem é inevitavelmente mau, mas que tem de lutar contra o mal dentro de si. Por influência de Rousseau, nossas sociedades relativizaram a responsabilidade dos indivíduos. O pensamento intelectual dominante procura explicar o comportamento das pessoas como uma consequência do seu passado, de suas circunstâncias psicológicas e de suas condições econômicas. Infelizmente, essas teses são absorvidas pela população de todos os estratos sociais. Quando trabalhava como médico em prisões inglesas, com frequência ouvia detentos sem uma boa educação formal repetindo teorias sociológicas e psicológicas difundidas pelas universidades. Com isso, não apenas se sentiam menos culpados por seus atos criminosos, como de fato eram tratados dessa maneira. Trata-se de uma situação muito conveniente para os bandidos, pois permite manter a consciência tranquila. Podem dizer que roubam porque não tiveram oportunidades de estudo, porque nasceram na pobreza ou porque sofreram algum trauma de infância, entre outras desculpas. «Enquanto a sociedade não mudar, não se pode esperar que eu me comporte de outra forma», tal é o discurso corrente entre os presos[16].

Rousseau defende uma antropologia filosófica condicionada à sua filosofia política. Pretende tornar real um homem imaginário e explicar as mazelas sociais como consequência da corrupção do homem em estado de na-

---

(16) Anthony Daniels, "Eles têm culpa, sim", in: *Revista Veja*, 17 de agosto de 2011, págs. 19-20.

tureza. Contudo, na vida real, o homem torna-se bom ou mau pelas suas decisões e pelos seus atos. Embora inclinado ao mal, não é determinado por essa sua inclinação. Atos de virtude podem superar essa tendência natural. O convívio social, por outro lado, não é apenas fruto de conveniência ou interesse, mas essencial ao desenvolvimento do homem como ser humano.

O existencialismo
de Jean-Paul Sartre

Um dia, ao fim de uma aula de um curso de Ética, um aluno se aproximou de mim para trocar impressões. O tema tratado foi o existencialismo de Sartre, a partir da sua obra *O existencialismo é um humanismo*. Comentou que assistia com frequência a um programa de televisão, retransmitido durante a madrugada e em que, segundo ele, a inspiração era claramente o existencialismo de Sartre. Fiquei surpreso, pois não podia imaginar como o pensamento do filósofo pudesse ser traduzido num programa televisivo, mas ao mesmo tempo imaginei que, sem dúvida, as ideias dele podem refletir-se na conduta e na vida humana.

O existencialismo de Sartre tem como ponto de partida a ideia de que o homem não é nada e precisa ser construído a partir do zero. Não é uma realidade com uma natureza, com um sentido, mas apenas existência:

O homem, tal como o existencialista o concebe, só não é passível de uma definição porque, de início, não é nada: só posteriormente será alguma coisa e será aquilo que ele fizer de si mesmo. Assim, não existe natureza humana, já que não existe um Deus para concebê-la[1].

Noutras palavras: o ser humano não tem um sentido para sua vida e não é nada antes de construir-se a si próprio, porque não foi criado por ninguém. Deus não existe e, portanto, não pode ter criado o homem, nem lhe dado algum sentido. A negação de Deus é algo que Sartre não prova, apenas afirma.

O homem nada mais é do que aquilo que ele faz de si mesmo: é esse o primeiro princípio do existencialismo. É também a isso que chamamos de subjetividade: a subjetividade de que nos acusam[2].

Não existem valores, não existem normas para a vida, não existe uma razão ou um sentido para a vida. O homem experimenta uma liberdade em que não encontra sentido. Está perdido em um mundo sem sentido:

O existencialista opõe-se frontalmente a certo tipo de moral laica que gostaria de eliminar Deus com o mínimo de danos possível... O existencialista, pelo contrário, pensa que é extremamente incômodo que Deus não exista, pois, junto com ele, desaparece toda e qualquer possibilidade de encontrar valores num céu

---

(1) *O existencialismo é um humanismo*, pág. 6.
(2) *Ibidem.*

inteligível; não pode mais existir nenhum bem *a priori*, já que não existe uma consciência infinita e perfeita para pensá-lo; não está escrito em nenhum lugar que o bem existe, que devemos ser honestos, que não devemos mentir, já que nos colocamos em um plano em que só existem homens. Dostoiévski escreveu: «Se Deus não existisse, tudo seria permitido». Eis o ponto de partida do existencialismo. De fato, tudo é permitido se Deus não existe, e, por conseguinte, o homem está desamparado porque não encontra nele próprio nem fora dele nada a que se agarrar [...]. Se Deus não existe, não encontramos, já prontos, valores ou ordens que possam legitimar a nossa conduta. Assim, não teremos nem atrás de nós nem na nossa frente, no reino luminoso dos valores, nenhuma justificativa e nenhuma desculpa. Estamos sós, sem desculpas. É o que posso expressar dizendo que o homem está condenado a ser livre[3].

Sartre tem razão em afirmar que é muito incômodo viver sem uma moral, sem um Deus que seja fonte de normas, de valores, de um sentido para a vida. Nesse sentido a religião vai de encontro à necessidade humana de Deus. Entretanto, a religião não pode ser o fundamento da filosofia, caso contrário, a filosofia deixa de ser um estudo racional da realidade para se submeter ao domínio religioso, ou seja, perde sua autonomia e seu próprio sentido.

Como afirma Rhonheimer, pensar que somente é possível uma «ética teológica» é um erro fatídico. Embora

---

(3) *Idem*, págs. 8-9.

Deus seja fundamental na ética, o fundamento dos valores não está na afirmação de que Deus existe:

> Portanto, «pendurar» a moral e a autonomia do homem em «Deus» como sua «fundamentação última» revela-se um autoengano, e com frequência não é mais do que uma saída muito fácil para recuperar pela via da «fundamentação última» o que anteriormente não se conseguiu fundamentar[4].

Por isso o papel da ética filosófica é analisar os fundamentos da teoria da ação humana, que foi o que fizemos no segundo capítulo.

A razão tem um papel fundamental em descobrir o que é o bem. O erro de Sartre é não atribuir qualquer valor à razão humana na descoberta do bem que orienta a vontade a agir. Essa anulação do papel da inteligência humana transforma o homem num punhado de sentimentos, instintos e vontade. A ação humana segundo o existencialista seria como – voltando ao exemplo tirado de *Ben-Hur* – a reunião dos cavalos das paixões e da vontade, livres, porém sem um auriga que os conduza a um bem.

O existencialista não formula ou descobre os valores, mas cria os valores:

> Dizer que nós inventamos os valores não significa outra coisa senão que a vida não tem sentido *a priori*. Antes de alguém viver, a vida, em si mesma, não é nada; é quem a vive que deve dar-lhe um sentido; e o valor nada mais é do que o sentido escolhido[5].

---

(4) *La perspectiva de la moral*, pág. 26.

(5) *O existencialismo é um humanismo*, pág. 21.

A criação de valores está ancorada no racionalismo cartesiano do «penso, logo existo» e na subjetividade. O próprio Sartre afirma que esses são os pontos de partida para sua filosofia.

A moral existencialista, portanto, é fruto de escolhas que o homem faz necessariamente, porém sem qualquer orientação ou guia, pois se não existissem valores prontos, não haveria norte a seguir. E isso porque, segundo Sartre, Deus não existiria.

Ao negar Deus, Sartre nega também a razão; não atribui qualquer valor à inteligência humana na descoberta do bem. E daí surge a sua famosa frase: «O homem é uma paixão inútil», uma fonte de desejos e vontades sem sentido.

> Não podemos decidir *a priori* o que devemos fazer [...]. O homem faz-se; ele não está pronto logo de início; ele se constrói escolhendo a sua moral; e a pressão das circunstâncias é tal que ele não pode deixar de escolher uma moral[6].

Por que Sartre diz que estamos condenados a ser livres? Porque, como para ele não há valores a descobrir nem a seguir, somos obrigados a criá-los com a nossa própria vida.

E daí vem a angústia, a *náusea*. A pessoa sente-se livre, experimenta desejos, vontades, mas ao mesmo tempo não sabe por que nem para que é livre. Para Sartre não passamos de um aglomerado de tendências, de sentimentos e paixões.

---

(6) *Idem*, pág. 18.

Na opinião de Rhonheimer, a perspectiva de Sartre é fruto do orgulho:

> Um bom exemplo de ética em que a liberdade se identifica simplesmente com o orgulho é o «existencialismo humanista» de Sartre, segundo o qual «a liberdade não pode ter através de qualquer circunstância concreta outro fim senão querer-se a si própria»[7].

Rohnheimer explica que em Sartre a vontade ama mais «a pura espontaneidade do seu ato do que aquilo que a razão lhe apresenta como bom». Por essa lógica, a pessoa não age motivada pelo bem indicado pela razão, mas apenas por querer algo, independentemente do que diga a razão.

Um exemplo: Holden Caulfield

Um personagem que pode ser identificado com esse «existencialismo humanista» é Holden Caulfield, o protagonista do romance *O apanhador no campo de centeio* (1951), de Salinger. Holden age constantemente segundo aquilo que sente ou tem vontade no momento, sem planejar nem pensar ações ou consequências. Por vezes tem bons sentimentos e ajuda os outros, mas não toma as decisões com base em qualquer meta que deseja alcançar.

O livro narra os dias que se seguem à expulsão de Holden do colégio interno em que estudava. Como seus pais

---

(7) *La perspectiva de la moral*, pág. 186.

O EXISTENCIALISMO DE JEAN-PAUL SARTRE

somente só seriam avisados da saída do filho uns dias depois, o rapaz aproveita para passear por conta própria. A fuga é uma das possibilidades em que pensa antes de retornar para a casa.

Holden começa o livro relembrando o dia em que saiu do Internato Pencey, na Pensilvânia. Em seguida narra uma sequência de coisas que fez, mas sem saber bem o motivo e, na verdade, sem sequer se perguntar muito sobre a questão. Um dia, por exemplo, conta que no final da tarde saiu correndo na direção da casa do velho professor Spencer e comenta: «Não sei porque estava correndo – acho que era só porque me deu vontade»[8]. Há dois elementos que movem Holden: o «me deu vontade» e os sentimentos: raiva, ódio, compaixão... A vontade e os sentimentos são os cavalos selvagens do mito do auriga de Platão.

Quando chega na casa do professor Spencer é recebido com amabilidade pela esposa, que chama o velho professor. Spencer sabe que Holden foi expulso e tenta ajudá-lo a refletir em tudo o que aconteceu para que tire lições e se oriente pela razão e não apenas pelos sentimentos. Quando sentiu que viria um sermão, Holden comenta que «de uma hora para outra me deu uma vontade danada de dar o fora»[9], mas por respeito ao professor ficou.

Spencer pergunta a Holden quantas matérias tinha cursado ao longo do semestre e em quantas reprovou. Das cinco matérias, reprovou em quatro: só passou em

---

(8) J.D. Salinger, *O apanhador no campo de centeio*, Editora do Autor, Rio de Janeiro, s/d, pág. 10.

(9) *Idem*, pág. 15.

Inglês. O professor Spencer deu aulas de História a Holden, e lê para ele a sua prova. Ao terminar a leitura:

[O professor] baixou a droga do papel e olhou para mim como se tivesse acabado de me dar uma surra danada num jogo de pingue-pongue ou coisa parecida. Acho que nunca poderei perdoar o velho por ter lido aquela porcaria toda em voz alta[10].

De novo são os sentimentos que afloram e não a voz da razão.

O professor pergunta ao protagonista: «Que faria no meu lugar? Diga a verdade, rapaz». Holden então conta:

A gente podia ver que ele estava realmente sentido por ter de me reprovar. Por isso resolvi entrar com uma conversinha mole. Disse a ele que eu era mesmo um preguiçoso e tudo. Que eu, no lugar dele, teria feito a mesma coisa e que a maioria das pessoas não imagina como é difícil ser professor – em resumo, a maior embromação. Toda a velha conversinha fiada[11].

Holden não aceita nem pensa que realmente está sem rumo na vida. Foi expulso do Colégio Whooton, assim como do Elkton Hills. Agora está deixando o Pencey... O professor tenta dar ao aluno a lição final no seguinte diálogo:

– Você não se preocupa nem um pouco com o seu futuro, rapaz?

---

(10) *Idem*, pág. 17.
(11) *Ibidem*.

O EXISTENCIALISMO DE JEAN-PAUL SARTRE 171

– Me preocupo, sim, evidentemente. Pensei um bocado no assunto. Mas não muito, eu acho. Não muito.

– Pois você ainda *vai* se preocupar, rapaz. Você vai se preocupar quando já for tarde demais.

Não gostei de ouvi-lo dizer isso. Era como se eu estivesse morto ou coisa que o valha. Deprimente pra burro.

– É, acho que sim – respondi.

– Eu gostaria de pôr um pouco de juízo nesta sua cabeça, rapaz. Estou tentando *ajudá-lo*. Estou tentando ajudá-lo, tanto quanto posso.

E estava mesmo, isso a gente podia ver. Mas o caso é que vivíamos em mundos diferentes.

O diálogo deixa claro que Holden não pensa muito e que Spencer deseja que ele pense, que tenha juízo, ou seja, que use a inteligência para refletir sobre a sua vida, mas ele não quer pensar. Opina que vivem em mundos diferentes, o que de fato é verdade: Holden no mundo da vontade e dos sentimentos e Spencer no mundo em que é preciso pensar e ter juízo para agir, em que a razão deve iluminar a vontade e os sentimentos. Ao longo de todo o romance o protagonista vive a sua vida ao sabor dos caprichos e dos sentimentos.

Mesmo assim Holden nalgum momento vislumbra que esse caminho não conduz a lugar nenhum, ou melhor, conduz a um precipício. É o nome do tema do livro e umas das mensagens do autor. Porque o livro tem como título *O apanhador no campo de centeio*? A explicação está numa conversa entre Holden e a irmã mais jovem,

Phoebe. É com ela que Holden verdadeiramente se abre e se torna simples e sincero. Tem um grande carinho pela irmã mais nova e quer fugir com ela da casa dos pais, pois é a única pessoa no mundo em quem confia e a quem ama verdadeiramente. A irmã, entretanto, tem mais senso comum que ele.

O nome Phoebe, não sei se foi essa a intenção do autor, vem do grego e significa luz. Ela é a única luz que brilha na vida de Holden. A ela confia os seus mais íntimos pensamentos e segredos, e é a ela que desvenda o que ele gostaria de ser. Dialogando com a irmã, conta seu sonho:

– Você sabe o que eu quero ser?

– O quê?

– Você conhece aquela cantiga: «Se alguém agarra alguém atravessando o campo de centeio»? Eu queria...

– A cantiga é «Se alguém *encontra* alguém atravessando o campo de centeio»! – ela disse. – É de um poema do Robert Burns.

– Eu sei que é de um poema do Robert Burns.

Mas ela tinha razão. É mesmo «Se alguém encontra alguém atravessando o campo de centeio». Mas eu não sabia direito.

– Pensei que era «Se alguém agarra alguém» – falei. – Seja lá como for, fico imaginando uma porção de garotinhos e ninguém por perto – quer dizer, ninguém grande – a não ser eu. E eu fico na beirada de um precipício maluco. Sabe o que eu tenho de fazer? Tenho que agarrar todo mundo que vai cair no abismo. Quer dizer, se um deles começar a correr sem olhar onde está indo, eu tenho que aparecer de algum canto e *agarrar* o garoto. Só isso que eu ia fazer o dia todo. Ia ser só o apanhador no campo de centeio e tudo. Sei que é maluquice, mas é a única coisa que eu queria fazer. Sei que é maluquice.

Holden deseja ser o personagem que salva as crianças que, como ele, estão à beira de um precipício. A solução para cumprir essa missão seria abandonar a atitude vital que cultiva. Vive apenas dos caprichos da vontade e da volubilidade dos sentimentos, à margem da razão e da inteligência que precisariam orientar a sua vida. Ele deveria ganhar o juízo que o velho professor Spencer sugere, mas não tem força de vontade.

Holden construiu a sua vida sem querer assumir responsabilidades, vive apenas do capricho do momento e, por isso, representa um dos muitos garotos da história do campo de centeio, que precisa ser salvo da própria imaturidade. É incapaz de descobrir e comprometer-se com um ideal. É incapaz de pensar a sua vida e forjar a sua vontade com base nesse ideal. O precipício é o destino inexorável de quem segue apenas os sentimentos e vontades do momento, à margem da procura de um bem descoberto pela razão e pelo coração.

Relativismo e a verdade

Neste mundo traidor
nada é verdade nem mentira
tudo depende da cor
do vidro com que se mira[1].

Esses versos do poeta e pensador Ramón de Campoamor (1817-1901) traduzem uma ideia presente na mentalidade de algumas pessoas: a de que não existem verdades. É uma ideia com algum apelo: o conhecimento é relativo, depende do sujeito e o sujeito é limitado e falível. Como afirmar categoricamente algo, se nossa capacidade de compreensão é limitada?

---

(1) *En este mundo traidor / nada es verdad ni mentira / todo es según el color / del cristal con que se mira*. Parece que Ramón de Campoamor tomou emprestados alguns fragmentos de outros autores. A expressão «neste mundo traidor» aparece na obra *Coplas por la muerte de su padre*, de Jorge Manrique; e Calderón de la Barca escreveu, em *La vida es sueño*: «Na vida tudo é verdade e tudo é mentira».

Ao longo do século XX, totalitarismos de esquerda e direita – o comunismo, sob diversas formas (leninismo, stalinismo, maoísmo...), bem como o nazismo e o fascismo – proclamaram e agiram em nome de uma verdade que só eles possuíam. A violência e a intolerância em nome da verdade provocaram milhões de mortos nos quatro cantos do mundo.

A confiança ilimitada no progresso social, proclamada aos quatro ventos no século XIX, viu-se frustrada no século seguinte em face dos horrores de duas guerras mundiais. O progresso indefinido da ciência como garantia de uma vida mais humana não se tornou realidade. Pelo contrário, o conhecimento científico alentou a evolução e o aumento dos armamentos até a construção da bomba atômica, utilizada em Hiroshima e Nagasaki, no fim da Segunda Guerra Mundial.

As ideologias se autoproclamaram a verdade para a sociedade. A ciência anunciava-se como a verdade científica para o progresso humano. Como reação a tanto fracasso, o relativismo tornou-se assim a moeda corrente do pensamento moderno, tanto no âmbito da ciência como na opinião pública e das pessoas comuns.

O historiador inglês Paul Johnson, no primeiro capítulo do seu livro *Tempos modernos: o mundo dos anos 20 aos 80*, analisa as razões pelas quais o mundo se tornou relativista ao longo do século. Na sua opinião, três ilustres personagens, em maior ou menor medida e, por vezes, independente das suas próprias vontades, contribuíram para esse resultado:

Marx, Freud, Einstein, todos transmitiram a mesma mensagem para a década de 20: o mundo não

RELATIVISMO E A VERDADE

era o que parecia ser. Os sentidos, cujas percepções empíricas moldaram nossas ideias de tempo e distância, certo e errado, lei e justiça, e a natureza do comportamento do homem em sociedade não eram confiáveis. Além disso, as análises marxista e freudiana se juntaram para minar, cada uma à sua maneira, o sentimento de responsabilidade pessoal e de dever para com o código da verdadeira moral, que era o centro da civilização europeia no século XIX. A impressão que as pessoas tiravam dos ensinamentos de Einstein, de um universo em que todas as medidas de valor eram relativas, servia para confirmar essa visão – ao mesmo tempo desanimadora e estimulante – de anarquia moral[2].

Os conceitos de verdade e bem foram demolidos e massacrados no século XX. A essência da modernidade pode ser sintetizada na expressão «não existe verdade e não existe bem». Tudo é relativo. A consciência é a última instância humana para a verdade, porém tanto Marx como Freud tentaram enterrá-la para sempre. No túmulo da consciência são enterrados também o certo e o errado, o bem e o mal.

A filosofia de Marx promove o relativismo moral, tal como manifesta na sua obra, *A ideologia alemã*, escrita com Engels. Ambos pretendem ser realistas, não dogmáticos. A realidade, sob o seu ponto de vista, é que o homem não passa de matéria:

---

(2) Paul Johnson, *Tempos modernos: o mundo dos anos 20 aos 80*, IL, Rio de Janeiro, 1990, pág. 9.

As premissas de que partimos não constituem bases arbitrárias, nem dogmas; são antes bases reais de que só é possível abstrair no âmbito da imaginação. As nossas premissas são os indivíduos reais, a sua ação e as suas condições materiais da existência[3].

A única realidade existente é a produzida pelos homens. A partir do início da produção é que, segundo Marx, surgem a religião e a consciência. Para Marx, os homens se identificam com a produção:

> O que são coincide, portanto, com a sua produção, isto é, tanto com aquilo que produzem como com a forma como produzem. Aquilo que os indivíduos são depende, portanto, das condições materiais da sua produção[4].

O problema do marxismo é o seu ponto de partida. O homem real de Marx não é tão real quanto ele afirma. Sob o ponto de vista de Marx e Engels:

> Contrariamente à filosofia alemã, que desce do céu para a terra, aqui parte-se da terra para atingir o céu. Isso significa que não se parte daquilo que os homens dizem, imaginam e pensam nem daquilo que são nas palavras, no pensamento, na imaginação e na representação de outrem para chegar aos homens em carne e osso; parte-se dos homens, da sua atividade real [...].
> Assim, a moral, a religião, a metafísica e qualquer outra

---

(3) Karl Marx; Friedrich Engels, *A ideologia alemã*, Presença, Lisboa, 1976 pág. 18.
(4) *Idem*, pág. 19.

ideologia, tal como as formas de consciência que lhes correspondem, perdem imediatamente toda a aparência de autonomia. Não têm história, não têm desenvolvimento; serão antes os homens que, desenvolvendo a sua produção material e as suas relações materiais, transformam, com esta realidade que lhes é própria, o seu pensamento e os produtos deste pensamento[5].

Acontece, entretanto, que os homens não são só matéria; são seres pensantes, com inteligência e vontade próprias, e além do mais, uma alma racional. O ponto de partida de Marx é que não corresponde à realidade humana, e as suas consequências representam uma inversão dos valores que conduz a um relativismo moral. Para Marx, «não é a consciência que determina a vida, mas sim a vida que determina a consciência».

Tudo é relativo exceto a matéria e as relações de produção. A infraestrutura econômica (o homem real, as forças produtivas) determina a superestrutura (as leis, a religião, a ética, a metafísica). O homem é consequência da infraestrutura. Mude isso e mudarão as leis, a religião, a ética. Os valores são relativos e manifestam necessariamente as condições materiais da produção sob a qual vivem as pessoas.

Freud também bombardeia o conceito de consciência individual, de responsabilidade pessoal, que defende ter sido criado para proteger a civilização da violência. Tal como resume Paul Johnson, em texto que cita o próprio Freud:

---

(5) *Idem*, pág. 26.

O freudismo poderia ser muitas coisas, mas se tivesse uma essência, esta seria a descrição da culpa. «A tensão entre o superego severo e o ego a ele subjugado – escreveu Freud em 1929 – é por nós chamado de sentimento de culpa [...]. A civilização consegue dominar os desejos perigosos de agressão do indivíduo, enfraquecendo-o e desmantelando-o ao criar uma agência policial dentro dele, como uma guarnição numa cidade conquistada». Sentimentos de culpa eram assim um sinal não de vício, mas de virtude. O superego ou consciência era o preço drástico que o indivíduo pagava para preservar a civilização, e seu curso em tormentos aumentaria inexoravelmente à proporção que a sociedade se desenvolvesse: «Uma ameaça de infelicidade externa [...] foi substituída por uma infelicidade interna permanente, pela tensão do sentimento de culpa». Freud dizia que tencionava mostrar que sentimentos de culpa, não justificados por qualquer fraqueza humana, eram «o problema mais importante no desenvolvimento da civilização». Como os sociólogos já estavam sugerindo, era possível que a sociedade fosse culpada coletivamente pela criação de condições propícias ao crime e aos vícios. Mas os sentimentos de culpa eram uma ilusão a ser dissipada. Nenhum de nós era individualmente culpado; nós éramos todos culpados[6].

Já Einstein, infelizmente, foi mal interpretado. A sua teoria, uma teoria física, de tempo e espaço, foi aplicada

---

(6) *Tempos modernos*, pág. 9.

RELATIVISMO E A VERDADE 181

impropriamente a outros campos do saber, à ética e ao próprio conhecimento. Como assinala Paul Johnson:

> No princípio dos anos 20 surgiu uma crença, pela primeira vez em nível popular, de que não mais havia quaisquer absolutos: de tempo e espaço, de bem e mal, de conhecimento, sobretudo de valores. Erroneamente a relatividade se confundiu com relativismo, sem que nada pudesse evitá-lo[7].

O próprio Einstein ficou aflito e escreveu a Max Born, em 1920:

> Como aquele que no conto de fadas transformava tudo o que tocava em ouro, comigo é em confusão que tudo se transforma nos jornais[8].

Einstein acreditava em Deus e em padrões absolutos[9]. Indagado sobre sua crença em Deus e em padrões absolutos respondeu:

> Não sou ateu. O problema aí envolvido é demasiado vasto para nossas mentes limitadas. Estamos na mesma situação de uma criancinha que entra em uma biblioteca repleta de livros em muitas línguas. A criança sabe que alguém deve ter escrito esses livros. Ela não sabe

---

(7) *Idem*, pág. 3.

(8) Citado por *Tempos modernos*, pág. 3.

(9) As ideias expostas a seguir foram apresentadas por mim anteriormente na resenha do livro de Walter Isaacson, *Einstein: sua vida, seu universo*, Companhia das Letras, São Paulo, 2007, publicada na *Revista de Economia e Relações Internacionais*, 7(13), julho 2008: págs. 193-203. Disponível em: <http://www.faap.br/pdf/faculdades/economia/revistas/ciencias-economicas/revista_economia_13.pdf>.

de que maneira nem compreende os idiomas em que foram escritos. A criança tem uma forte suspeita de que há uma ordem misteriosa na organização dos livros, mas não sabe qual é essa ordem. É essa, parece-me, a atitude do ser humano, mesmo do mais inteligente, em relação a Deus. Vemos um universo maravilhosamente organizado e que obedece a certas leis; mas compreendemos essas leis apenas muito vagamente[10].

Einstein não somente acreditava profundamente em Deus, mas criticava os ateus fundamentalistas. Em carta de 7 de agosto de 1941 escrevia:

> Os ateus fanáticos são como escravos que continuam sentindo o peso das correntes que jogaram fora depois de muita luta. São criaturas que – em seu rancor contra a religião tradicional como sendo o «ópio das massas» – não conseguem ouvir a música das esferas[11].

Como a crença em Deus afetou Einstein? De duas maneiras, uma no âmbito da ciência e outra no campo pessoal. No terreno científico, preservou-o do relativismo. Como argumenta Isaacson:

> Einstein não era um relativista de verdade [...]. Por trás de todas as teorias, inclusive a da relatividade, jazia uma busca por invariáveis, certezas absolutas. Havia uma realidade harmoniosa por trás das leis universais, Einstein acreditava, e a meta da ciência era revelá-la[12].

---

(10) Citado por *Einstein: sua vida, seu universo*, pág. 396.

(11) *Idem*, pág. 400.

(12) *Idem*, pág. 23.

RELATIVISMO E A VERDADE

No plano pessoal, o reflexo da convicção da existência de Deus na sua personalidade foi sintetizado de modo extremamente feliz pelo seu biógrafo:

Produzia nele uma mistura de confiança e humildade, com um toque de doce complexidade. Dada sua predisposição para ser autocentrado, essas eram graças positivas. Juntamente com seu senso de humor e sua autoconsciência que beirava a timidez, essas qualidades o ajudaram a evitar a presunção e o pedantismo que poderiam ter se apossado da mente mais famosa do mundo[13].

Um resumo do segredo de Einstein encontra-se na última citação literal transcrita pelo biógrafo, no penúltimo parágrafo do livro:

Quando estou analisando uma teoria, pergunto a mim mesmo se, se eu fosse Deus, teria organizado o mundo dessa maneira?[14]

A essa atitude é possível atribuir, sem sombra de dúvida, uma boa parcela da responsabilidade pelas descobertas científicas que revolucionaram a física e, de modo geral a ciência, no século XX.

Por outro lado, como ficou claro, Einstein não era relativista, apesar de ter formulado a Teoria da Relatividade. Um filósofo da ciência ficou muito impressionado com a teoria da Einstein e com o apego de Einstein à importância que atribuía à prova empírica da sua teoria. Essa prova

_____
(13) *Idem*, pág. 395.
(14) *Idem*, pág. 561.

foi realizada em 1919, por meio de uma experiência que mostrou que a luz solar sofre a influência da lei da gravidade, ou seja, que a luz é partícula. O filósofo que admirava Einstein pela sua honestidade intelectual era Karl Popper.

Em termos filosóficos, o relativismo não é só uma atitude do século XX ou XXI. O relativismo, em última análise, diz respeito à possibilidade de conhecer a verdade. A discussão do que é a verdade está presente no início da filosofia, isto é, na Grécia clássica. A atitude de quem não acredita ser possível conhecer a verdade é denominada na linguagem comum como ceticismo. Os céticos formaram uma corrente de pensamento na Grécia clássica. Não afirmavam nem negavam nada, ou seja, os céticos suspendiam o juízo em relação à realidade exterior e interior às pessoas.

O ceticismo foi combatido por Aristóteles. De acordo com ele, o ceticismo apenas é possível na discussão filosófica, mas não na prática, uma vez que os céticos, ao agirem, manifestam indiferença a tudo o que acontece à sua volta; antes, revelam preferências e escolhas, ou seja, não suspendem o juízo nas ações da vida diária.

A discussão da questão da verdade é um tema filosófico e, portanto, surge com a própria filosofia. Tanto Sócrates como Platão e Aristóteles discutiram o tema da verdade. Platão escreveu o diálogo *Protágoras, ou Os sofistas*, argumentando contra eles. Aristóteles discute no livro IV da *Metafísica* a diferença entre a aparência e a verdade. Refutando o ponto de vista de Protágoras, comenta quais seriam as consequências da sua teoria caso fossem verdadeiras:

RELATIVISMO E A VERDADE

Se todas as opiniões e todas as aparências sensoriais são verdadeiras, todas elas deverão, necessariamente, ser verdadeiras e falsas ao mesmo tempo. (De fato, muitos homens têm convicções opostas e todos consideram que estejam no erro os que não compartilham as próprias opiniões. E daí se segue como consequência necessária que a mesma coisa seja e também não seja.) E se é assim, segue-se também, necessariamente, que todas as opiniões são verdadeiras. (De fato, os que estão na verdade e os que estão na falsidade têm opiniões opostas entre si; mas se as próprias coisas são desse modo, todos estarão na verdade)[15].

Passaram-se os séculos, muitos filósofos nasceram, escreveram ou não, e morreram. No século XVII, Descartes será o precursor de uma nova teoria do conhecimento e da verdade com o conhecido *cogito, ergo sum*, «penso, logo existo». Considerado o pai do racionalismo e do idealismo, Descartes inverte a lógica da filosofia clássica ao fundamentar a sua filosofia no pensar e não mais no ser[16].

A partir de Descartes uma ampla corrente filosófica afirma que a verdade não está mais nas coisas, mas apenas no pensamento. Essa corrente filosófica culminará em Hegel, que chegará a afirmar que «o real é racional e o racional é real». O idealismo entra em confronto direto com a filosofia realista.

---

(15) Aristóteles, *Metafísica*, Loyola, São Paulo, 2005, v. II, pág. 163.

(16) Sobre esta questão, ver o capítulo 2 do meu livro *Lionel Robbins: contribuição para a metodologia da Economia* (Edusp, São Paulo, 1993), em que se analisam os fundamentos filosóficos da metodologia científica, e particularmente a «Teoria do Conhecimento e Filosofia da Ciência».

A questão de fundo é se a verdade está nas coisas ou no pensamento. Para os realistas a verdade está nas coisas e o filósofo, assim como a pessoa comum, descobre a verdade, que é intrínseca às coisas. Do ponto de vista filosófico, a questão é o ponto de partida, o pressuposto básico para construir a teoria do conhecimento. A filosofia clássica de Aristóteles, Tomás de Aquino, Étienne Gilson, Josef Pieper toma como base a realidade que se apresenta a nós pelos sentidos externos, que são a janela para entrar em contato com o mundo exterior, para a construção da gnoseologia realista.

A verdade, sob esta perspectiva, está na realidade, nas coisas exteriores, e é designada assim quando o entendimento afirma algo que está de acordo com essa realidade exterior, de acordo com a definição clássica de Tomás de Aquino.

Entretanto, o conhecimento que a pessoa humana alcança da realidade é sempre parcial e limitado em função da limitação da inteligência humana. Isso não significa, porém, que a verdade seja relativa ou provisória. O conhecimento não esgota a realidade, todavia, entra em contato e conhece verdadeiramente a realidade.

A teoria do conhecimento idealista questiona a capacidade humana de alcançar a realidade em si mesma. A mente humana apenas alcança as suas próprias representações, não a realidade em si. O pensamento, segundo essa corrente filosófica, fundamenta o ser.

O realismo é o caminho mais curto para quem deseja avançar na filosofia e na teoria do conhecimento; é o mais direto e com maior capacidade de dar conta da realidade.

Epílogo

«Os filósofos são como os relógios: cada um marca uma hora diferente», disse alguém que só conhecia os relógios de antigamente, dos nossos avós, anteriores à tecnologia digital. Contudo, é preciso lembrar que somente um deles dá a hora certa. É esse relógio que precisamos descobrir se queremos acertar o passo com a vida que nos pode tornar felizes. Para os filósofos clássicos, o estudo da ética não era apenas uma simples questão teórica, mas a descoberta da atitude a seguir para uma vida feliz, uma vida que valesse a pena ser vivida.

Platão, num dos seus diálogos mais maravilhosos e inspirados, *Fédon*, comenta por meio de Símias, um discípulo de Sócrates, que há três maneiras de enfrentar a travessia da vida. A primeira é formular uma filosofia própria de vida que nos oriente, que marque a hora certa. A segunda é subir na barca da melhor filosofia de vida já proposta por algum filósofo e enfrentar assim as ondas da navegação vital. A terceira é embarcar no navio da religião verdadeira.

Certa vez, eu estava parado esperando o semáforo abrir e reparei na seguinte frase colada no vidro traseiro do carro da frente: *Don't follow me, I'm lost, too!*, «Não me siga, também estou perdido!». Achei graça! De fato, podemos estar perdidos por não encontrar uma referência, porque vemos uma grande quantidade de relógios e cada um marca uma hora diferente. Uma atitude diante disso é dizer: «Não há uma hora certa; cada um dá a hora que quiser». É resolver que nem vale a pena procurar. Outra atitude é: «Preciso descobrir qual é a hora certa».

A primeira atitude – de ceticismo e descrédito, ou ainda, indo mais longe, de cinismo e desconfiança – Sócrates qualifica de covarde. Quem não procura uma resposta é um covarde, embora com frequência os intelectuais céticos sejam admirados como esclarecidos e ostentem a aura de sábios. Se não saber que não se sabe é sinal de ignorância, como dizia Sócrates, não procurar saber é covardia. Um dos relógios tem a hora certa. Por outro lado, vale a pena tentar assumir a segunda atitude, embora Símias esclareça no diálogo que ela implica muito esforço.

O mesmo poderíamos dizer das religiões. Também sobre ela é possível pensar: «Todas são iguais». Essa frase, porém, não passa de um sofisma. Se Deus se revelou e diversas religiões ensinam doutrinas diferentes, e muitas vezes contrárias ou contraditórias, o mesmo Deus não pode ter-se contradito na sua revelação. Somente um relógio religioso dá a hora certa, mostra o que Deus revelou. Descobrir o navio da religião pode ser mais difícil que encontrar o barco da filosofia, para realizar a travessia.

EPÍLOGO

Descobrir e seguir a filosofia e a religião verdadeiras é o melhor modo de enfrentar as ondas, as calmarias e as tempestades da navegação vital. Todas essas indagações são resumidas por Símias. Vale a pena citar as suas próprias palavras:

> Sobre este tipo de questões, ó Sócrates!, sou da mesma opinião que você: um conhecimento exato delas é impossível ou sumamente difícil de adquirir nesta vida, entretanto não examinar por todos os meios possíveis o que dizer sobre ela, ou desistir de fazê-lo antes de considerá-la sob todos os pontos de vista, é próprio de um homem muito covarde. Porque o que se deve conseguir com relação a tais questões é uma destas coisas: aprender a descobrir por si próprio a resposta a elas, ou bem, se isso é impossível, tomar ao menos a tradição humana melhor e mais difícil de rebater e, embarcando nela como uma balsa, arriscar-se a realizar a travessia da vida, se é que não se pode fazer com maior segurança e menor perigo em um navio mais firme, como, por exemplo, uma revelação da divindade.

Mergulhar nesses oceanos bem merece um outro livro. Não estamos perdidos, temos um modo de descobrir o norte: a razão. Não estamos perdidos, temos uma bússola do agir ético: a consciência. Não estamos perdidos, temos um coração que só se aquieta e tranquiliza na presença da verdade.

Referências bibliográficas

Rui Afonso, *Um homem bom*, Casa da Palavra, Rio de Janeiro, 2011.

Hannah Arendt, *Eichmann em Jerusalém: um relato sobre a banalidade do mal*, Companhia das Letras, São Paulo, 2013.

Aristóteles, *Ética a Nicômaco*, Atlas, São Paulo, 2009.

_____, *Metafísica*, Loyola, São Paulo, 3 vol., 2005.

_____, *Política*, Gredos, Madri, 1999.

Italo Calvino, *O visconde partido ao meio*, Companhia das Letras, São Paulo, 1990.

Anthony Daniels, "Eles têm culpa, sim", in: *Revista Veja*, 17 de agosto de 2011, págs. 17-21.

Friedrich Dürrenmatt, *A visita da velha senhora*, Abril Cultural, São Paulo, 1976.

Epicuro, *Carta sobre a felicidade*, Unesp, São Paulo, 2002.

Stefania Falasca, *Un Obispo contra Hitler: el beato Von Galen y la resistencia al nazismo*, Palabra, Madri, 2008.

Étienne Gilson, *El realismo metódico*, Rialp, Madri, 1974.

Henrik Ibsen, *Um inimigo do povo*, LP&M, Porto Alegre, 2001.

Walter Isaacson, *Einstein: sua vida, seu universo*, Companhia das Letras, São Paulo, 2007.

Inge Jens (ed.), *At the Heart of the White Rose: Letters and Diaries of Hans and Sophie Scholl*, Harper&Row, Nova York, 1987.

Paul Johnson, *Tempos modernos: o mundo dos anos 20 aos 80*, IL, Rio de Janeiro, 1990.

Immanuel Kant, *Fundamentos da metafísica dos costumes*, Edições 70, Lisboa, 1997.

Alejandro Llano, *Gnoseologia*, EUNSA, Pamplona, 1983 (Traduzido em português como: *Gnosiologia realista*, Instituto Raimundo Lúlio, São Paulo, 2004).

Nelson Mandela, *Conversas que tive comigo*, Rocco, Rio de Janeiro, 2010.

Karl Marx; Friedrich Engels, *A ideologia alemã*, Presença, Lisboa, 1976.

Frank McDonough, *Sophie Scholl: The Real Story of the Woman who Defied Hitler*, The History Press, Stroud, 2009.

John Stuart Mill, *El utilitarismo*, Aguilar, Buenos Aires, 1955.

Thomas More, *Utopia*, L&PM, São Paulo, 1997.

Josef Pieper, *El descubrimiento de la realidad*, Rialp, Madri, 1974.

Platão, *A República*, Martins Fontes, São Paulo, 2009.

_____, *Obras completas: Fedro*, Aguilar, Madri, 1988.

José Maria Rodriguez Ramos, *Lionel Robbins: Contribuição para a Metodologia da Economia*, IL/Edusp, São Paulo, 1993.

Martin Rhonheimer, *La perspectiva de la moral*, Rialp, Madri, 2000.

Jean-Jacques Rousseau, *Discurso sobre a origem e os fundamentos da desigualdade entre os homens* [1754], Edipro, São Paulo, 2015.

_____, *Do contrato social*, São Paulo, Abril Cultural, 1973.

J.D. Salinger, *O apanhador no campo de centeio*, Editora do Autor, Rio de Janeiro, s/d.

Jean-Paul Sartre, *O existencialismo é um humanismo*, Abril Cultural, São Paulo, 1987.

Inge Scholl, *A Rosa Branca: a história dos estudantes alemães que desafiaram o nazismo*, Editora 34, São Paulo, 2ª ed., 2014.

Roger Verneaux, *Historia de la filosofia moderna*, Herder, Barcelona, 1984.

_____, *Epistemologia general*, Herder, Barcelona, 1984.

Xenofonte, *Ditos e feitos memoráveis de Sócrates*, Abril Cultural, São Paulo, 1985.

ESTE LIVRO ACABOU DE SE
IMPRIMIR A 8 DE SETEMBRO DE 2016.